BIBLIOTHÈQUE DE FEU M. Charles MALHERBE

(1re PARTIE)

VENTE HOTEL DROUOT, SALLE N° 7

MARDI 4 ET MERCREDI 5 JUIN 1912

LIVRES ILLUSTRÉS

DU XIXe SIÈCLE

Editions Originales

Recueils de Caricatures

ALBUMS DE MUSIQUE

Ouvrages Divers, Dessins, etc.

Commissaire-Priseur :
Me André DESVOUGES
26, Rue de la Grange-Batelière, 26

Experts :
MM. Léo DELTEIL & A. LE CORBEILLER
38, Rue de Châteaudun

CATALOGUE

DE

LIVRES ILLUSTRÉS

DU XIXe SIÈCLE

Éditions Originales

Recueils de Caricatures

ALBUMS DE MUSIQUE

OUVRAGES DIVERS

DESSINS

Comprenant la Première Partie de la

BIBLIOTHÈQUE DE FEU M. Charles MALHERBE

Dont la Vente aura lieu : A PARIS, HOTEL DROUOT, SALLE N° 7

Les MARDI, 4 et MERCREDI 5 JUIN 1912

à 2 heures très précises

Par le Ministère de Me ANDRÉ DESVOUGES, Commissaire-Priseur

26, Rue de la Grange-Batelière

Assisté de MM. LÉO DELTEIL et A. LE CORBEILLER

MARCHANDS D'ESTAMPES-EXPERTS

38, Rue de Châteaudun, 38 — PARIS

Conditions de la Vente

Elle sera faite au comptant.

Les adjudicataires paieront *dix pour cent* en sus des enchères.

MM. Léo Delteil et A. Le Corbeiller rempliront les commissions que voudront bien leur confier MM. les Amateurs ne pouvant y assister.

MM. les Amateurs pourront visiter la Bibliothèque, du *Mardi 28 Mai au Samedi 1er Juin 1912*, **4, Boulevard de Clichy** *(Bibliothèque de M. Ch. Malherbe)*.

ORDRE DES VACATIONS

Mardi, 4 Juin . . . . Nos 1 à 250

Mercredi, 5 Juin . . . . Nos 251 à fin

LIVRES ANCIENS

1. **Chaussard** (J.-B.-P.). Le Nouveau Diable Boiteux, Tableau philosophique et moral de Paris au commencement du XIXe siècle ; par l'auteur des Fêtes et Courtisanes de la Grèce. Nouv. édit., corrigée, augm. et enrichie d'anecdotes inédites. *Paris*, *Barba*, 1803 ; 4 vol. petit in-8, *4 front. par Garneray*, brochés, *non rognés*.

2. **Caricatures Politiques**. *S. l.*, An VI ; in-12, *fig.*, demi-rel. bas. violet.

   Pamplet rare, orné de 5 figures gravées et *coloriées*, représentant les 5 classes de républicains : *l'indépendant, l'exclusif, l'acheté, l'enrichi et le systématique.*

3. **Desfontaines**. Les Bains de Diane ou le Triomphe de l'Amour. Poème. *Paris*, *Costard*, 1770 ; in-8, *fig.*, veau, dos orné, fil. *(Rel anc.)*.

   Orné d'un titre-frontispice et de 3 figures par *Marillier*, gravées par *de Ghendt*, *Massard*, *Ponce et Voyez l'aîné.*

4. **Dorat**. Les Baisers, précédés du Mois de Mai. 3e édition. *La Haye et Paris*, 1770 ; in-8, *fig.*, mar. rouge, dos orné, fil., chiffre aux angles, large dent. int., doublé et gardes de tabis bleu, tr. dor. *(M. Lortic)*. Etui.

   Joli volume orné de ravissantes figures d'*Eisen*. — Portrait de Dorat gravé par *St-Aubin*, ajouté.

5. **Du Buisson.** Le Tableau de la Volupté ou les quatre parties du Jour. Poème en vers libres, par Mr de B. *A Cythère, au Temple du plaisir*, 1771, petit in-8, *fig.*, mar. bleu, chiffre aux angles de plats, dent. int., tr. dor. (*Lortic fils*).

Orné d'un frontispice, 4 figures, 4 vignettes en-têtes et 4 culs-de-lampe par *Eisen*, gravés par *De Longueil.*

Ex. avec le frontispice en double épreuve, dont 1 *coloriée.*

6. **Malherbe.** Les Œuvres de Mre François de Malherbe, gentil-homme ordinaire de la chambre du Roy. Seconde édition. *Paris, Ch. Chappellain*, 1631 ; in-4, mar. rouge, dos orné, compart. de fil. avec orn. aux angles, armoiries au centre, dent. int., tr. dor. *(Rel. anc.)*.

Bel exemplaire *réglé*, *aux armes de* **Gaspard de Coligny**, *Maréchal de France*, fils de François de Coligny et de Marguerite d'Ailly, né le 26 Juillet 1584, décédé le 4 Janvier 1646.

7. **Partage de la succession de la Maison de Condé.** Cotte Cinquième. 17 septembre 1727. — **Manuscrit** de 184 pages, sur papier notarié et timbré, in-folio, veau ancien.

Manuscrit relatif à l'héritage des 8 enfants de *Louis, duc de Bourbon, prince de Condé, gouverneur de Bourgogne et de Bresse*, des terres, châtelenies et seigneuries de *Vallery, Guercheville, Bourbon l'Archambault, Montluçon, Enghien, Ecouen, Villiers-le-Bel, Dammartin, Luzarche, Chantilly, Creil, Clermont-en-Argonne, Varennes*, etc., et *de l'Hôtel de Condé à Paris.*

Déchirure dans le haut d'un feuillet.

8. **Reliure romantique.** — Album in-4 obl., mar. lavall. à grain long, dos orné avec mos.; dent. à la grecque sur les plats avec fleurons aux angles en mos. de mar. vert, milieux ornés avec mos. de mar. rouge, fil. int., tr. dor. (*Giroux et Cie*).

9. **Reliure romantique** — Album in-fol. obl., mar. brun à long grain, dos orné avec mos.; plats entièrement couverts d'une composition gothique à froid avec milieux en or et mos. de différentes couleurs, encad. de fil. dor., fil. int., tr. dor. (*A. Giroux et Cie*).

Album de papier à musique.

10. **Roucher**. Les Mois. Poëme en douze chants. *Paris, 1779*; 2 vol. in-4, *fig.*, veau marb., dos ornés, fil., tr marb. (*Rel. anc.*).

Orné de 5 belles fig. de *Moreau, Cochin et Marillier*.

11. **Versailles immortalisé** par les merveilles parlantes des Bâtiments, Jardins, bosquets, parcs, statues,... tableaux et peintures qui sont dans les Châteaux de Versailles, de Trianon, etc. Composé en vers libres français par le Sr J.-B. de Monicart; avec une traduction en prose latine par le Sr Romain Le Testu. *Paris*, 1720, 2 vol. in-4, *pl.*, veau, dos ornés, armoiries sur les plats, tr. rouges. *(Rel. anc.)*.

Reliure armoriée.

LIVRES ILLUSTRÉS

DU XIXe SIÈCLE

Recueil de Caricatures, etc.

12. **Adam** (Albert). Tribulations parisiennes et campagnardes. *Paris, Hautecœur fl; Lith. Godard, s. d.;* in-4, cart. bradel, dos et coins percal. bl.

Couverture illustrée, titre et 32 planches lithographiées, à plusieurs sujets, et tirées à deux à la feuille.

13. **Adam** (V.). Album des gentils petits Garçons. *Paris, Aubert, s. d Titre et 24 planches.* — Fantaisies artistiques. Album récréatif, illustré par V. Adam. Texte de Mme la Bne de Norew. *Paris, Aubert*, 1841. *Orné de 18 pl. lithog. et coloriées* (2 ex., dont 1 de l'édit. de : *Bruxelles*, 1841 ; *planches en noir*). — Bigarures de l'Esprit humain. Illustré par V. Adam, avec texte, par Mme de Savignac, *Paris, Eymery* ; *Aubert, s. d. Orné de 24 pl. lithog. et coloriées.* — Grands déplaisirs à l'occasion d'un train de plaisir ou les infortunes de Polycarpe Badoulard. *Paris, Marseille, s. d. 16 pl. lithog. et coloriées.* — Les Arts et Métiers. Avec 24 vignettes par V. Adam. *Paris, L. Janet, s. d.; orné de 24 lithog.* — Ens. 6 albums petit in-4 ; fig., cart. de l'édit.

14. **Adam** (V.). Fantaisies artistiques. Album récréatif illustré par V. Adam. Texte de Mme la Bne de Norew. *Paris, Aubert*, 1841. *Orné de 17 pl.* (sur 18) *lithog. et coloriées.* — Fantaisies artistiques, etc *Bruxelles*, 1841. *Orné de 18 pl. lithog.* — Album comique. Recueil d'anecdotes morales et intéressantes. Dessins analogues aux sujets par V. Adam. Texte par M. A. E. de Saintes. *Paris, Fayé, s. d. ; orné de 22 pl. lithog.* — Petits contes mis en action illustrés par V. Adam.

Paris, Langlumé, s. d.; orné de 12 pl. lith. et coloriées, dont 1 sur le cart. — Petites histoires illustrées par V. Adam à l'usage des enfants (Belgique). *Paris, Langlumé, s d.; orné de 12 pl. lith. et coloriées, dont 1 sur la couv.* — Alphabet, par V. Adam. *S. l., n. d.; 24 pl. lithog., dont 1 sur la couv.* — Ens. 6 petits albums in-12 et in-18; cart.

15. **Adam** (V.). Galerie V. Adam. Atlas. A. Houzé. *Paris, Lebigre-Duquesne ff.*, 1859; gr. in 4, cart., toile verte, orné fers spéc., tr. dor. *(Cart. de l'édit.)*.

Atlas universel historique et géographique composé de 101 cartes *coloriées*, accompagné de 101 lithographies sur teinte composant la Galerie historique, dessinés par V. Adam, représentant des costumes, des hommes célèbres et des évènements historiques depuis les temps les plus reculés jusqu'à nos jours.

16. **Adam** (V.). Histoire de l'Ancien et du Nouveau Testament; Sujets composés et lithographiés par V. Adam. *Paris, Aubert et Cie, s. d.; Titre, 12 planches lithographiées à plus. sujets et coloriées*, accompagnées d'un texte explicatif. — Nouvel Abécédaire en Enigmes, par V. Adam. *Paris, Aubert et Cie, s. d.; Titre et 26 planches lithographiées à plusieurs sujets et coloriées.* — Ens. 2 albums in-4; cart. de l'édit., fers spéc.

17. **Adam** (V.). Passe-temps, par Victor Adam. *Paris, Aumont et Tessari et Cie, s. d.*; in-4; demi-rel. chag. rouge avec coins, couv. ill. (recto) conservée.

Couverture illustrée et 84 planches lithographiées à plusieurs sujets et *coloriées*. (Manque les pl. 21, 34, 48, 63 et 79). On a relié à la fin 12 planches lithographiées et *coloriées*, du même artiste (portraits de littérateurs avec sujets tirés de leurs œuvres).

Ens. 91 planches.

18. **Adam** (V.). Synonymes en actions, composés et lithographiés par V. Adam. *Paris, Arnauld de Vresse, s. d.*; in-4, cart. ill. de l'édit.

Titre et 24 planches lithographiés à plusieurs sujets, et *coloriées.*

19. **Adam** (V.). — Réunion de 3 albums in-4, cart. ill. de l'édit.

Mr de la Rapinière, successeur imaginaire de Gérard le tueur de lions, ses aventures et désappointements, lithographié par un grenadier, ex-chasseur de la Garde Nationale! *Paris, H. Gache, s. d.*; *titre et 24 planches lithographiées à plusieurs sujets.*

Diable de Paris. Bamboches, culbutes, plaisirs et déplaisirs. Farces et pochades rêvées et exécutées par V. Adam. *Paris, Mon Martinet, s. d.; titre et 20 planches lithographiées à plusieurs sujets.*

Synonymes en actions, composés et lithographiés par V. Adam. *Paris, Aubert et Cie, s. d.; 24 planches lithographiées à plusieurs sujets.*

20. **Affiches d'ouvrages illustrés du XIXe siècle** — Réunion de 37 pièces in-fol et grand in-fol.

Les Prisons, par MM. Alboize et Maquet. *Lith. de H. Emy.* — Les Bagnes, par M. Alhoy. *Lith. de Ch. Guilbert, coloriée.* — Comme on dine à Paris, par J. Arago. *Lith. de H. Emy.* — Philosophie de la Vie conjugale, par Balzac, commentée par Gavarni. — L'Art de Fumer, par Barthélemy. *Lith. de H. Emy,* coloriée. — Napoléon en Egypte, Waterloo et le Fils de l'Homme, par Barthélemy et Méry. *Lith. par Collette et Sanson.* — Paris dans l'eau, par E. Briffaut, vignettes par Bertall. — Les Bourgeois de Molinchard, par Champfleury. — La Comédie à Cheval, par A. Cler; *coloriée.* — La Chassomanie, par Deyeux. — La Bouillie de la Comtesse Berthe, par Alex. Dumas. — Histoire d'un casse-noisette, par Alex. Dumas. — Chansons nationales et populaires de France, par Du Mersan. *Lith. de Farcy.* — L'Echarpe, album musical, artistique et littéraire. — L'Echo des Feuilletons. *Lith. de V. Beaume.* — Fables de Florian, illustrées par Grandville. — La Grande Ville, nouveau tableau de Paris, publ. sous la direction de M. Fournier. *Lith. de H. Emy, coloriée.* — Werther, par Gœthe. Trad. de P Leroux. Eaux-fortes de T. Johannot.

— Vie privée et publique des animaux, ill. par Grandville (2 pièces). — Les Animaux de Paris à J.-J. Grandville, musique de Parizot, etc. *Lith. d'après J.-J. Grandville, coloriée.* — Histoire G[le] des Missions catholiques, par le Bon Henrion. *Lith. de V. Beaucé.* — Voyage où il nous plaira, par MM. T. Johannot, A. de Musset, P.-J. Stahl. — Les Guêpes illustrées, 8e année, par A. Karr. *Lith. de Bertall.* Les Industriels, etc., texte par E. de la Bédollière, d'après *Henry Monnier.* — La Bruyère. Les Caractères, fig. par *Penguilly; sur chine monté.* — Pratiques secrètes de Mlle Lenormand. — Mémorial de Sainte-Hélène par le Cte de Las-Cases. — Mémorial de Sainte-Hélène. *Lith. de Charlet, coloriée.* — Muses et Fées, etc., par Méry et le C[t] Fœlix. *Lith. de A. Farcy.* — Parodie du Juif-Errant, par Chr Philipon et L. Huard. — Revue anecdotique. *Lith. d'après Célestin Nanteuil.* — Revue comique à l'usage des gens sérieux. — Revue Pittoresque. — Histoire de la Garde Impériale par E. Marco de Saint-Hilaire. *Lith. de Ch. Vernier, coloriée.* — La Rue. Jules Vallés, rédacteur en chef. *Lith. de Pépin.* — La Vie Elégante. *Grav. d'après F. Rops.*

21. **Albanès** (d'). Les Mystères du Collège, par d'Albanès (pseudonyme de Alex. Havard). Illustrés par Eustache-Lorsay. *Paris, S. Havard*, 1845 ; petit in-8, *fig.*, broché, *couv. ill.* (*dos cassé*).

Premier tirage. — Prospectus joint.

22. **Albanès** (d') **et G. Fath.** Les Nains célèbres depuis l'antiquité jusques et y compris Tom-Pouce. Illustrés par Ed. de Beaumont. *Paris, G. Havard, s. d.* (1845) ; petit in-8, *fig.*, broché, *couv. ill.*

Premier tirage.

22 *bis.* **Album Classico-Romantique.** *A Paris, rue de Grenelle-St-Germain, n° 59 et chez Chaillou-Potrelle, s. d.*, in-fol. en larg., en feuilles, sous *couv. ill.*

Album de couverture illustrée, préface et 9 planches, lithographiées.

23. **LAge d'or**, Livre instructif et amusant, dédié à la Jeunesse, contenant plus de 150 cartes, sujets amusants, instructifs, moraux et religieux, contes de fées,

anecdotes historiques, etc. Edition illustrée par Gavarni, Daumier, et les premiers dessinateurs de l'époque. Du n° 1 janv. 1842 au n° 12 déc. 1842. *Paris*, 1843. — **Vocabulaire des Enfants**, dictionnaire pittoresque illustré par un grand nombre de petits dessins. 2e édition. *Paris, Aubert*, 1839 ; *fig. sur bois d'après Daumier, Travès, C. Rogier, H. Monnier, etc.* (Le front. indiqué par Vicaire ne s'y trouve pas). — **Le Livre des 400 auteurs**. Nouvelles, contes, voyages, légendes, critiques, histoire, théâtres *Paris*, 1850 ; *fig. sur bois. Texte par Balzac, V. Hugo, Th. Gautier, etc.* (Manque la planche hors texte). — Ens. 3 vol. gr. in-8, *fig.*, demi-rel. de l'époque.

24. **Albums**. — Réunion de 4 albums in-4, brochés ; *couv. ill. (Premiers tirages).*

Léandre (C.). Nocturnes. Album inédit en *couleurs* ; préface de P. Véber. *Paris, S. Empis, s. d.* — **Herman-Paul**. Guignols. 60 dessins. *Paris. Edition de la Revue Blanche*, 1899. — **Jossot**. Mince de trognes ! ! ! Préface de H. Bauër. 50 dessins inédits. *Paris, Hazard, s. d.* (1896).— **Rochet** (E.). Efflorescences. 10 poèmes lithographiés. *S. l. ; n. d.*

On y a joint *29 fumés d'Hermann Paul* pour l'album « *Guignols* ».

25 **Album Alsacien**. Revue de l'Alsace littéraire, historique et artistique. Du n° 1 (18 mars 1838) à la 2e année (n° 27, 6 oct. 1839). *Strasbourg*, 1838-39. 2 tomes en 1 vol. demi-rel. bas. fauve ; *couv. de la 1re année cons.*

Illustré de *79 lithographies hors texte* de Sandmann, Muller, etc., de vues, portraits, costumes, scènes locales, caricatures, etc. Texte par L. Levrault, E. Barrois, Walsch, X. Marnier, etc.

26. **Album artistique de la Reine Hortense**. *Paris, Heugel et Cie, s. d. ;* in-4 obl., *planches*, cart. rose, armoiries de la Reine Hortense sur les plats. *(Cart. de l'édit.).*

27. **Album Comique de Pathologie pittoresque.** Recueil de 20 caricatures médicales, dessinées par Aubry, Chazal, Colin, Bellangé et Pigal. *Paris, A. Tardieu,* 1823 ; in-fol. obl., mar. brun, tête dor., *non rogné.*

Faux-titre, frontispice, titre, introd., et 20 planches lithographiées accompagnées chacune d'un feuillet de texte. Manque la planche : *les Cors aux pieds.*

28. **Albums de Lithographies, publiés par Challamel.** *Paris, Challamel* ; 10 vol. in-8 et in-4, cart. de l'édit. et demi-rel. (1 broché).

Album des jeunes paysagistes, par les premiers artistes français. Avec texte. 1848. *12 lithog. (manque 1 pl.).* — Album des petits amateurs de dessins, contenant des dessins de MM. Devéria, Boulanger, Colin, Sorrieu, Challamel. Mouilleron, etc., *s. d.* ; *front. et 17 pl.* — Délassements des jolis enfants. Dessins de T. Johannot, Fortin, Delacroix, Cte de Turpin-Crissé, etc. Avec un texte instructif et amusant. *S. d.* ; *front. et 12 pl.* — Le Livre d'Etrennes. Texte par M. Roger de Beauvoir, A. Esquiros, E. Pelletan, etc. Avec des vignettes de MM. Robert-Fleury, Marilhat, V. Hugo, E. Delacroix, etc., 1841 ; *front. et 11 pl.* — Loisirs artistiques. Etrennes à la jeunesse, 12 charmants tableaux par MM. Alès, Dubois, Génot, Gigoux, Gudin, etc. Avec jolies nouvelles et notices par F. de Neuville. *S. d.* ; *front. et 11 pl.* — Les Plus jolis Tableaux de Téniers, G. Dow, Terburg, P. Potter, V. Ostade, etc., lithographiés par L. Noël, L. Boulanger, Devéria, etc. Texte explicatif par Challamel. *S. d.* (1839) *front. et 17 pl. sur chine.* — Portefeuille du comte de Forbin, contenant ses tableaux, dessins et esquisses les plus remarquables. Avec un texte par M. le Cte de Marcellus, 1843 ; *port. et 41 pl.* (*Manque 3 planches*). — Album du Salon de 1840. Collection des principaux ouvrages exposés au Louvre, reproduits par les artistes eux-mêmes, ou sous leur direction par MM. Alophe, L. Noël, Wyld, Français, Champin, etc. Avec une préface par le Bon Taylor. Texte par J. Robert. 1840 ; *40 planches (Manque le port. de Decamps).* — La Vie de la Sainte Vierge, par Mme Anne Marie. Illustrée de dessins dans le style des vieux missels par M. Th. Fragonard, dessinés par Challamel et Mouilleron, 1841, *front. et 20 pl.* — France littéraire. Album de 52 planches.

29. **Album de l'Opéra.** Principales scènes et décorations les plus remarquables des meilleurs ouvrages représentés sur la Scène de l'Académie royale de musique. Publié par Challamel. Dessins de MM. Alophe, Baron, A. Devéria, Français, C. Nanteuil, etc. *Paris, Challamel, s. d.* (1844) ; in-4, *pl.*, cart. ill. de l'éditeur.

24 planches lithographiées *et coloriées.*

30. **Album de la Mode.** Chroniques du Monde Fashionable ou choix de Morceaux de Littérature contemporaine, par MM. J. Janin, A. Dumas, E. Deschamps, Vte d'Arlincourt, Pétrus Borel, E. Sue, etc. *Paris, L. Janet*, 1833 ; in-8, *pl.*, cart., tr. dor.

Orné de 1 front. et 12 lithographies par *T. Johannot, Dévéria*, etc., *coloriées.*

31. **L'Album des Légendes**, sous la direction d'Andhré et Jacques des Gachons. *Paris*, 1894 ; in-4 ; *fig. en noir et col*; en 12 livraisons, *couv. imp.*

Texte par R. Boylesve, H. de Regnier, Stuart Merrill, etc. Figures par A. des Gachons, P. Berthon, A. Séon, E. Grasset, etc.

Un des *10 ex. sur* **papier impérial du Japon,** *avec double suite des figures, dont 1 rehaussée d'aquarelle par les artistes.*

32. **Album du Journal des jeunes personnes.** Collection de dessins tirés des différents articles du journal. Année 1833. *Paris*, 1833, in-fol., mar. bl. foncé à long grain.

Titre, table et 30 lithographies hors texte *coloriées*, par *Gavarni, Maurin, Gigoux, Marlet*, etc.

33. **Album du Journal des jeunes Personnes.** Collection de dessins tirés de divers articles du Journal. Année 1833 *Paris*, 1833 ; in-fol., *titre, table et 30 lithographies*, (manque les pl. 5, 9, 25 et 28). — **Album du Journal des Jeunes Personnes.** Année 1835. *Paris*, 1835 ; in-4 obl., *titre, table et 24 lithographies*. Ens. 2 vol., brochés, *couv. imp.*

34. **Album du Journal pour Rire**. 1848 (et 1849). *Paris, Aubert,* 1848-1849, 2 vol. 100 numéros. — **Ces Chinois de Parisiens**. *Paris, Aubert,* s. d.; 3 albums de 56 planches. — En. 5 albums in-fol. obl. le 1er cart. ill. de l'édit., le 2e, cart. dos toile, les 3 autres, brochés, *couv. imp.*

Nombreuses caricatures, scènes de mœurs et charges politiques; par *G. Doré, Ed. de Beaumont, G. Janet, Ch. Vernier, Ed. Morin, H. Emy, Bertall,* etc.

35. **Album du Salon de 1840**. (à **1844**). Collection des principaux ouvrages exposés au Louvre, reproduits par les peintres eux-mêmes ou sous leur direction, par MM. Alophe, L. Noël, Wyld, Français, Champin, Cicéri, Mouilleron, etc. *Paris, Challamel,* 1840-1844 ; 4 vol. in-4, *pl.*, demi-rel. veau brun, dos ornés.

Avec 169 planches lithographiées en noir et *coloriées*, la plupart *sur chine*. Déchirure à 1 planche.

36. **Alhoy** (Maurice). Les Bagnes. Rochefort. Avec un dessin lithographié. *Paris, Gagniard,* 1830 ; in-8, *lithog. coloriée*, broché, *couv. imp.*

Edition originale. — Non citée par Vicaire.

37. **Alhoy** (Maurice). Les Bagnes. Histoire, types, mœurs, mystères. Edition illustrée. *Paris, Havard,* 1845 ; gr. in-8, *fig.*, demi rel. chag. vert, dos orné, tr. jasp.

Premier tirage. — Ouvrage illustré de 30 planches hors texte, dont 4 *coloriées* et de figures dans le texte.

38. **Alhoy** (M.). Le Chapitre des accidents. Illustré d'après les dessins de V. Adam. *Paris, Soulié, s. d.*; in-8 obl., cart. toile brune de l'édit.

Orné de 24 planches hors texte *sur teinte*.

39. **ALMANACH dédié aux dames** pour l'an 1813 (1820, 1823, 1824 et 1825). *Paris, Le Fuel et Delaunay*; 1813-1825; 5 vol. in-18, *fig.*, cart. rose ill., tr. dor.; étui de même.

L'année 1813 est relié en mar. rouge à long grain, dos orné, dent., tr. dor., étui de même: il est incomplet de 4 figures (sur 6) et du titre « Souvenir ». — L'année 1823 est relié en veau brun, dos et plats ornés à froid, fil or, tr. dor.

Chaque almanach est orné d'un titre gravé, de 4 vignettes pour le calendrier (sauf l'année 1813), 6 figures hors texte, et souvenir : titre et 12 vignettes. Les années 1820 et 1823 contiennent de la musique notée et gravée.

40. — **Almanach des Dames** pour l'an 1821 (1827, 1828, 1829, 1830 et 1831). *Tubingue, J.-G. Cotta*; *Paris, Treuttel et Wulz*, 1821-1831; 6 vol. in-18, *fig.*, les 2 premiers, cart. ill. de l'édit., tr. dor.; les 4 autres reliés, en veau gris, dos et plats ornés or et à froid, tr. dor. (*Rel. de l'époque*).

Chaque almanach est orné d'un titre avec vignettes et de 6 figures hors texte. — Manque 1 planche à l'année 1828.

41. — **Etrennes aux Dames.** *Paris, Marcilly*, 1820. — **Le Ménestrel francais.** Almanach lyrique dédié aux dames. *Paris, Janel*, 1820. (Manque 2 pp.). — **Le Troubadour français.** Almanach lyrique dédié aux dames. *Paris, Janel*, 1820. — **Simplesse et Candeur.** *Paris, Janel*, 1822. — Ens. 4 almanachs in-18, *fig. et calendriers*: cart. de l'édit., tr. dor.; étuis de même.

42. — **Hommage aux Dames,** 1813 (1814, 1815, 1817, 1819, 1821, 1825, et s. d.). *Paris, Janel*, 1813-1825; 9 vol. in-18, *fig.*, cart. ill. de l'édit., tr. dor.; étuis de même.

Chaque almanach est orné d'un titre gravé avec vignette, 6 figures, et souvenir : titre et 12 vignettes. — Manque le *Souvenir* à l'année 1825. — 2 almanachs n'ont pas de calendrier.

On y a joint :

Almanach dédié aux demoiselles. *Paris, L. Janet, 1828 et s. d.*, 3 vol. in-18, *fig.*, cart. ill. de l'édit., tr. dor. ; étuis de même.

Chaque almanach est orné d'un titre gravé avec vignettes et 6 figures. — 2 almanachs sont incomplets de calendrier. L'année 1828 ne possède pas d'étui.

Ensemble 12 volumes.

43. **Alophe**. Les Danseuses de l'Opéra. Costumes des Principaux Ballets. *Paris, au bureau du journal les Modes Parisiennes, s. d.* ; in-4. broché, *couv. imp.*

Album de 14 planches représentant les célèbres danseuses en pied, lithographiées par Alophe, *coloriées.*

44. **Annales du Ridicule** ou Scènes et Caricatures Parisiennes. Du n° 1 (1er janv. 1815) au n° XII (oct. 1815). *Paris, Hocquart*, 1815 ; 12 livraisons en 1 vol. in-4, *fig.*, demi-rel. anc.

Publication rare, ornée de 24 planches satyriques hors-texte, gravées et *coloriées*, dont plusieurs ont trait à *Napoléon Ier*.

45. **Arnault** (A.-V.). Vie politique et militaire de Napoléon. *A Paris, chez E. Babeuf*, 1822-1826 ; 2 vol. grand in-fol., demi-rel. de l'époque, *ébarbés* (dos fatigués).

Ouvrage orné de 136 lithographies de ou d'après *Raffet, Gros, Girodet, V. Adam, Géricault, C. et H. Vernet, Bellangé, etc.*

46. **Athenæum**, ou Galerie française des productions de tous les Arts ; ouvrage périodique, entrepris par une société d'Hommes de lettres et d'artistes, et publié par M. Baltard, architecte-graveur. Du n° 1, Janv. 1806 au n° 12, déc. 1806. *Paris, de l'impr, de Crapelet*, 1806 ; in-4, *48 planches et musique*, demi-rel.

Publication rare, ornée de 4 planches par livraison, avec texte explicatif pour chacune d'elle, soit 48 planches hors-texte. A chaque livraison est jointe une *Gazette de l'Ama-*

teur des Arts, qui forme une partie séparée. Les Livraisons 7, 8, 9, 10 et 12 renferment en outre de la musique notée.

Bel ex. avec les couvertures des 12 livraisons conservées.

On y a joint 15 planches, avec texte explicatif, de la 2e année (1807).

47. — *Le même ouvrage. Paris*, 1806, in-4 ; *48 planches*, dérelié.

Première année complète des 12 livraisons. *La Gazette de l'Amateur des Arts* a été reliée à la fin du vol. Manque la musique des liv. 7, 8, 11 et 12.

48. **Autrefois ou le Bon Vieux temps.** Types français au XVIIIe siècle. Texte par MM. Ph. Audebrand, R. de Beauvoir, E. de Labédollière, A. Challamel, E. Deschamps, etc. Vignettes par MM. Tony Johannot, Th. Fragonard, Gavarni, Ch. Jacques, etc. *Paris, Challamel, s. d.* (1842) ; in-8, *fig.*, demi-rel. chag. vert, dos orné.

Premier tirage. -- Nombreuses vignettes dans le texte et 40 planches hors-texte. — Prospectus joint.

49. — *Le même ouvrage. Paris, Challamel, s. d. ;* gr. in-8, *fig.*, broché, *couv. imp.* (dos cassé).

1er tirage, avec couverture réimprimée, portant comme titre : *Les Français sous Louis XIV et Louis XV ou le Bon Vieux Temps d'autrefois.*

Ex. avec les planches hors-texte *coloriées.* — Taches de rousseur.

50. **Aventures du Baron de Munchhausen**, traduction nouvelle par Th. Gautier fils, illustrées par G. Doré. *Paris, Furne, s. d.* (1862) ; in-4, *fig.*, demi-rel. chag. vert, plats toile, tr. dor. *(Rel. de l'Édit.).*

Premier tirage des illustrations de *G. Doré.*

50 *bis.* **Aventures** du Vte de la Linotière, lion féroce, par Archélaüs Niger. *Paris, Susse ff.; Gihaut ff.* ; *Aubert, etc.*, s. d. ; in-4, cart. imp.

Suite complète de 1 ff. de texte et 31 planches lithographiées.

50 *ter*. — *Le même ouvrage*. *Paris, Susse ff.*, *s. d.* ; In-fol., en feuilles, sous *couv. imp*.

Suite complète de 31 planches lithographiées, tirées sur *papier teinté et coloriées*.

51. **Babel**. Publication de la Société des Gens de Lettres. *Paris, J. Renouard*, 1846 ; 3 vol. in-8, *fig.*, brochés, *couv. ill*.

Édition originale de ce recueil romantique. On y rencontre en *éditions originales : le 7 Août 1829*, par V. Hugo ; *les Mécontents*, par H. Monnier ; *Pierre Grassou*, par H. de Balsac ; *Rimes héroïques*, par A. Barbier ; *Jacques IV et Jacques V*, par A. Dumas, etc.

52. **Bac**. Albums inédits en couleurs. Préfaces par Marcel Prévost. Richard O'Monroy, Xanrof, M. Donnay, A. Houssaye, Yvette Guilbert, etc. *Paris, S. Empis, E. Flammarion*, s. d ; 8 albums in 4, dont 7 brochés, *couv. ill. et 1 cart. de l'édit.*

Interwiews fantaisistes, — Les Fêtes galantes. — Nos Femmes. — Modèles d'artistes. — Les Alcôves. — La Femme intime. — Nos Amoureuses. — Femmes de Théâtre (*la couverture porte 5*[e] *mille*).

Premiers tirages.

53. **Barbey d'Aurévilly** (J.-A.). Du Dandysme et de G. Brummel. *Caen, Mancel*, 1845 ; petit in-12 carré, broché, *couv. imp*.

Édition originale. — *Papier vergé*. — *Ex. offert par l'éditeur, Trébutien à M. L. Gonindard* et contenant des *notes manuscrites* en marges de plusieurs ff.

54. **Barbey d'Aurevilly** (J.). Les Prophètes du Passé. *Paris, L. Hervé*, 1851 ; petit in-12 carré, broché, *couv. imp*.

Édition originale. — Ex. contenant des *notes et lettres relatives à la publication du livre, transcrites par M. Trébutien en marge des ff.*

55. **Bacler d'Albe**. Promenades pittoresques et lithographiques dans Paris et ses environs. *Paris, lith. de G. Engelmann*, 1822 ; in-fol., cart. anc.

Titre, texte, 35 pp. et 48 planches lithographiées.

56. **Bagatelle**. Journal de la Littérature, des Beaux-Arts et des Théâtres. *Paris*, 1832-1833. 52 numéros en 1 vol. in-4, *pl. et vign.*, dérelié. — **Journal de France** (suite de Bagatelle). *Paris*, 1833; 29 numéros en 1 vol. in-4, *pl.*, dérelié. — **Journal des Gens du Monde** (suite du Journal de France), tome premier. — *Paris, déc.* 1833-(1834), in-4; en livraisons. — Ens. 3 vol.

Publication rare.

La première partie de ce périodique (*Bagatelle*) comprend 52 numéros (*du 22 sept. 1832 au 26 sept. 1833*), renfermant 572 pp , texte à 2 colonnes.

La plupart des ex. de cette série, soit à la Bibliothèque Nationale, soit à celle de l'Opéra, ne renferment qu'un nombre infime de planches. On ignore donc combien il en a été publié.

Notre ex. renferme une lithographie hors-texte aux livraisons 18, 19, 21, 25, 27, 29, 30, 31, 32, 33, 34, 35, 38, 40, 41, 42, 43, 44 (2 pièces), 45, 46, 47, 48, 49, 50, 51, 52 (2 pièces).

Vicaire ne cite pas les pl. des liv. 27, 31, 32, 35

La pl. de la liv. 19 est remontée; une des pl. (cheval arabe) de la 52e liv. ne se trouve pas dans l'exemplaire.

La 2e partie (*Journal de France*) comprend 29 numéros (*du 1er oct. au 7 déc. 1833*), renfermant 344 pp., texte à 2 colonnes.

Notre ex. renferme une lithographie hors-texte aux livraisons 1, 4, 8, 10, 13, 15, 18, 21, 24, 27 et 29.

Vicaire, pour cette partie, dit que l'ex. le plus complet qu'il a vu est celui de la Bibliothèque de l'Opéra, contenant 28 numéros.

Notre ex. en renferme 29, et 1 planche en plus pour ce même n°.

Ces deux premières parties ci-dessus sont dereliés et rognés, sauf les livraisons 38, 40 à 44, 46 à 48 *(de Bagatelle)* et la 1re liv. du *Journal de France*, qui sont en feuilles, sous leurs *couvertures illustrées de publication*.

La 3e partie (*Journal des Gens du Monde*) faisant suite au Journal de France, comprend 19 livraisons et doit renfermer 40 lithographies hors-texte, la plupart de *Gavarni*, en noir et *coloriées*.

Notre ex. renferme 37 planches. (Il manque les 3 pl.

suivantes : *Le Larmoyer, par C. Rogier* ; *Napoléon, par A. de Valmont, et Juin, par Gavarni*).

L'ex. est en feuilles, et sous ses couvertures de publication pour les livraisons 1 à 15,, et avec texte s'arrêtant à la pp. 184. — A partir de la 16e livraison, l'ex. ne possédant que les planches.

57. **Balzac**. Les Contes Drolatiques Colligez ez Abbayes en Touraine et mis en lumière par le sieur de Balzac, pour l'abattement des pantagruélistes et non aultres. 5e édition illustrée de 425 dessins par G. Doré. *Paris. Ez-bureaux de la Société Générale de Librairie*, 1855 ; in-8, *fig.*, demi-rel. chag. vert, tr. jasp.

Premier tirage.

58. **Balzac**. Les Contes drolatiques colligez ez abbayes de Touraine et mis en lumière par le sieur de Balzac, pour l'abattement des Pantagruélistes et non aultres. 8e édition illustrée de 425 dessins par G. Doré. *Paris, Garnier ff., s. d.* ; in-8, fig., broché, *couv. ill.*

Bel ex. sur **papier de chine**. La couverture porte *9e édition.*

59. **Balzac**. Histoire de l'Empereur racontée dans une grange par un vieux soldat et recueillie par M. de Balzac. Vignettes par Lorentz, gravures par MM. Brevière et Novion, *Paris, Dubochet*, 1842, in-16 ; *fig.*, demi-rel. veau avec coins, *non rogné*, *couv. conservée.*

Premier tirage.

60. **Balzac**. Paris Marié. Philosophie de la vie conjugale. Commentée par Gavarni. *Paris, Hetzel*, 1846 ; petit in-8, *fig.*, cart. toile brune, orné fers spéc., tr. dor. (*cart. de l'édit.*).

Premier tirage.

61. **Balzac**. Balzac illustré. La Peau de Chagrin. Etudes sociales. *Paris, H. Delloye* ; *V. Lecou*, 1838 ; gr. in-8, *fig.*, demi-rel. chag. noir, tr. jasp.

Premier tirage. — Orné de 100 vignettes sur acier dans le texte par Baron, Gavarni, Français, etc.

Ex. avec le *titre au squelette.*

62. **Balzac**. Petites Misères de la Vie Conjugale. Illustrées par Bertall. *Paris, Chlendowski, s. d.* (1845); gr. in-8, *fig.*, demi-rel. chag. violet, dos orné, tr. jasp., *couv. ill. conservée.*

1er tirage. — Illustré de plus de 300 figures, dont 50 tirées hors texte. Prospectus joint.

63. **Banville** (Th. de). Idylles Prussiennes. *Paris, Lemerre*, 1871 ; in-12, cart. bradel percal. rouge, *non rogné.*

Edition originale. — Ex. sur **papier de chine**, orné de **12 aquarelles originales par H. de Sta.**

64. **Baric**, Animalia. — Baliverneries militaires. Types effacés. — Ces bonnes petites femmes. — Comment on devient riche. — Jean Fusain ou le Dessin des enfants, par Crayonniscoff, traduit du russe. — *Paris, A. de Vresse, s. d.*; Ens. 5 albums in 4, cart. ill. de l'éd. (sauf « *Jean Fusain* » qui est cart. demi-toile).

65. **Baric**. Les Autrichiens en Italie. — Baliverneries militaires. — Fantasia Militaire. — Les Jolis soldats. — *Paris. Arnault de Vresse, s. d.;* 4 albums in-4, cart. ill. de l'édit.

2 albums : les Baliverneries militaires et les Jolis soldats, sont *coloriés.*

66. **Baric**. Où diable l'esprit va-t-il se nicher. — Portiers et locataires. — Les Poseurs. — Les Soirées de Mr Cocambo. — *A Paris, chez A. de Vresse, s. d.*; 4 albums in-4, cart. ill. de l'éditeur.

67. **Barthélemy**. Douze journées de la Révolution. Poèmes. *Paris, Perrotin,* 1832. — Ma Justification. *Paris, Perrotin*, 1832. — Ens. 2 ouv. en 1 vol. In-8, *pl.*; demi-rel, chag. vert, tr. jasp.

Premier tirage. — Orné de 12 eaux-fortes *sur chine*, gravées par Frilley, d'après Raffet, sauf la 9e et 11e pl. qui sont de T. et A. Johannot. — La pl. 3 est gravée par *Raffet lui-même.*

« *Ma Justification* » est ornée d'une vignette de T. Johannot, sur le titre, gravée sur bois par Porret.

68. **Barthélemy**. Némésis, satire hebdomadaire. *Paris*, 1831-1832, 52 livraisons en 1 vol. in-4, cart. toile verte, *non rogné.*

Edition originale, publiée en 52 livraisons, ornées d'une vignette en tête (la même répétée) par *J.-J. Grandville.* L'Ex. contient le Prospectus-spécimen.

On y a joint : *Némésis incorruptible*, par J.-F. Destigny de Caen. *Paris*, 1832-1833 ; 9 livraisons, in-4, broché.

69. **Barthélemy**. Némésis : 4e édition, ornée de 15 gravures d'après les dessins de Raffet. *Paris. Perrotin*, 1835 ; 2 vol. in-8, *fig.*, brochés, *couv. imp.*

Premier tirage. — Orné d'un portrait de Barthélemy, d'un front. sur bois tiré sur *chine*, d'un fac-simile d'autographe et de 14 figures de *Raffet*, gravées sur acier.

70. **Barthélemy et Méry**. Napoléon en Egypte, Waterloo et le fils de l'Homme ; précédés d'une notice littéraire par M. Tissot. Edition illustrée par H. Vernet et H. Bellangé. *Paris*, *Bourdin*, *s. d.* (1842) ; gr. in-8, *fig.*, demi-rel. de l'époque, veau bleu, dos orné, *tr. marb.*

1er tirage. Illustré d'environ 100 figures sur bois dont 17 hors-texte, tirées sur *chine monté, avant la lettre.*

Prospectus et *9 tirages à part sur chine volant* des illustrations du texte et planches hors texte, joints au vol.

Quelques piqûres de rousseur.

71. **Bayard** (Emile). L'Illustration et les Illustrateurs. Ouvrage orné de vignettes des principaux artistes et de portraits par l'auteur. Avec une préface de M. H. Havard. *Paris, Delagrave*, 1898 ; gr. in-8, *fig.*, broché, *couv. imp.*

72. **Beaumont** (E. de). Un Drame dans une Carafe. Dessins par Louis Leloir. *Paris, Lib. des Bibliophiles*, 1832, in-8 carré, *fig.*, cart. ill' de l'édit., *non rogné (tiré à 500 ex.)*. — Parisiens et Parisiennes. Croquis. *Paris, au bureau de Charivari, s. d.*; petit in-4, *couv. imp.* — Ens. 2 vol.

73. **Les Beaux Arts.** Illustration des Arts et de la Littérature. *Paris, Curmer*, 1843-1844, 3 vol. in-4, *pl. et fig.*, cart. ill. de l'édit.

Belle Publication, ornée de 139 planches hors texte, (dont 1 ne figure pas à la table), gravées et lithographiées par *Gavarni, Baron, Daubigny, Français, Diaz*, etc. Vignettes dans le texte.

Le tome III contient *L'Industrie. Exposition des produits de l'Industrie Française en 1844. Paris. Curmer, s. d.; orné de 15 pl. hors texte.* (déchirure à 1 pl.).

74. — *Le même ouvrage. Paris, Curmer*, 1843-1844, 2 vol. in-4; *pl. et fig.*, demi-rel. mar. vert, avec coins, dos ornés, têtes dor., ébarbés.

Tome I et II.

75. **Beaux-Arts** — Réunion de 9 vol. in-12, brochés et reliés.

Gigoux. Causeries sur les artistes de mon temps. 1885. *Port.* — Goncourt (E. et J. de). Etudes d'Art. *s. d. Port.* Clément (Ch.). Les Artistes anc. et mod. 1876. — Burty (Th.). Maîtres et petits maîtres, 1877. — Cham, sa vie et son œuvre, par F. Ribeyre, 1884. *port. et fig.* — Charges et bustes de Danton jeune, par Viro. 1863, *port.* — Eug. Dévéria, d'après des documents orig., par Alone. 1887, *port.* — Jos., C. et H. Vernet, par A. Durande. 1863. — Dict. de poche des Artistes contemporains, par Th. Pelloquet. 1858; in-18.

76. **Beaux-Arts** — Réunion de 10 vol. et broch. in-8, brochés et reliés.

Chesneau (E.). Le statuaire J.-B. Carpeaux, sa vie et son œuvre, 1880, *port. et fig.* — Goncourt (E. et J.). Les Saint-Aubin. Etude 1859, 4 pl. (*envoi d'auteur à Gavarni*). — Eug. Delacroix à l'Exposition du B[d] des Italiens. 1864, *pl.*

· — J.-L.-E. Meissonnier. 1893. *Eaux-fortes.* — Exposition générale de la Lithographie. 1891. *Lith. de Willette.* — Notice sur la Caricature après la Révolution de 1848, par J. Deschamps, *s. d.* — J.-F. Millet, par H. Marcel, *s. d.*, *fig.* — Nos peintres dessinés par eux-mêmes, 1883, *port.* — Catalogue illustré de l'Edition Nationale 1891, *pl. et fig.* — Cat. des aquarelles par D. Bourgouin. 1885. *Ex. avec lettre aut. et dessins originaux de D. Bourgouin.*

77. **Béranger** (P. J. de). Chansons de P.-J. de Béranger. anciennes, nouvelles et inédites, avec des vignettes de Devéria et des dessins coloriées d'Henri Monnier, suivies des procès intentés à l'auteur. *Paris, Baudouin frères*, 1828. 2 vol. — Chansons nouvelles et dernières. Tome troisième. *Paris, Perrotin* 1833, 1 vol. — Ens. 3 vol. in-8, *fig.*, demi-rel. mar. vert avec coins, dos ornés, têtes dor., *ébarbés*. *(Lortic fils).* Etui.

Edition illustrée de 97 figures sur bois dans le texte par *Thompson*, d'après *Devéria* et de 40 lithographies à la plume, *coloriées*, par *H. Monnier.*

Bel ex. auquel on a ajouté :

1° La suite de 1 port. gr. par Cousin et 102 figures sur acier d'après A. et T. Johannot, Charlet. Grenier, Grandville, H. Monnier, etc. en *1er tirage.*

2° 1 portrait gravé par Stael, *sur chine.*

78. **Béranger.** Œuvres complètes de P.-J. de Béranger. Edition illustrée par J.-J. Grandville. *Paris, Fournier*, 1836; 3 vol. in-8, *fig.*, demi-rel. mar. vert avec coins, dos ornés, têtes dor., non rognés, couv. conservées *(M. Lortic).* Etui.

Premier tirage. — Belle édition ornée d'un port. de Béranger gravé par *Hopwood*, d'un fac-similé, et d'une suite de 120 gravures sur bois, d'après *Grandville et Raffet.*

Très bel ex. contenant les figures en **double état**, *sur chine et sur blanc.*

On y a joint : 1° **Album Béranger-Grandville,** contenant 120 vignettes sur bois composées sur les sujets des chansons et gravées par nos premiers artistes. *Paris*, *Fournier*, 1837 ; in-8, demi-rel. mar. vert, avec coins, dos orné, tête dor., ébarbé *(M. Lortic)*.

Album de titre, liste des vignettes, fac-simile, et 120 figures.

2° **Musique des chansons de P.-J. de Béranger** contenant des airs anciens et modernes les plus usités. 4e édition. *Paris*, *Perrotin*, 1847 ; in-8, demi-rel. mar. vert avec coins, dos orné, tête dor., *non rogné (Lortic fils)*.

Ens. 5 vol.

79. **Béranger**. Œuvres complètes de P.-J. de Béranger. Nouv. édition revue par l'auteur, contenant 53 gravures sur acier d'après Charlet, A. de Lemud, Johannot, Jacques, Pauquet, Penguilly, de Rudder, Raffet, Sandoz. Les 10 chansons nouvelles et le fac-simile d'une lettre de Béranger. *Paris*, *Perrotin*, 1851, 2 vol. gr. in-8, *fig.*, demi-rel. mar. vert avec coins, dos ornés, têtes dor., *ébarbés (M. Lortic)*.

Bel exemplaire.

80. **Béranger**. Chansons de P.-J. de Béranger, anciennes et posthumes. Nouv. édit. populaire, ornée de 161 dessins inédits et de vignettes nombreuses par MM. Andrieux, Bayard, Darjou, Giacomelli, Morin, Pauquet, etc. *Paris*, *Perrotin* ; 1866, gr. in-8, *fig.*, broché, *couv. ill.*

1er Edition posthume des Œuvres complètes ; L'ex. contient une *double couverture*, dont une à l'adresse Garnier ff.

81. **Béranger**. Chansons de P.-J. de Béranger ; anciennes et posthumes, Nouv. édit. populaire, ornée de 101 dessins inédits et de vignettes nombreuses par MM. Andrieu, Bayard, Darjou, G. Durand, Giacomelli, Morin, Pauquet, Riou, etc. — Musique des Chansons de Béranger. Avis notés anc. et modernes. 10e édit. revue par F. Bérat, augmentée de la musique des chansons posthumes, etc. — *Paris*, *Garnier ff.*, *s. d.*, 2 tomes en 1 vol. in-4, *fig.*, cart. toile noire, *ébarbés*, *couv. conservées.*

82. **Béranger**. — **Album Béranger** par Grandville. 84 vignettes sur bois. *Paris, Perrotin, s. d.*; gr. in-8, *fig. coloriées*, demi-rel. mar. vert avec coins, dos orné, tête dor., *ébarbé, couv. conservées (M. Lortic)*. — **Ma Biographie**. Ouvrage posthume de P.-J. de Béranger. Avec un appendice, orné d'un portrait en pied, dessiné par Charlet. *Paris, Perrotin*, 1857; gr. in-8, *port.*, cart. bradel, percal. rouge, *non rogné (édition originale)*. — **Bibliographie** de l'Œuvre de P.-J. de Béranger, par Jules Brivois. *Paris, Conquet*, 1876; in 8, cart. bradel, dos percal verte, *non rogné, couv. conservée*. — **Procès** fait aux chansons de P.-J. de Béranger. *Paris*, déc. 1821; in-12, broché. — Ens. 4 vol.

83. **Bérangiana** mis en Action ou choix de ses Chansons Badines. *Bruxelles, chez Vinaërt*, 1830; in-12, cart. anc.

Titre, texte gravé et 15 figures *libres* gravées et *coloriées*. *Rare*.

84 **Bergerat** (E.). Le Maître d'École. Poésie dite par M. Coquelin, au Théâtre-Français, le 27 nov. 1870. — Les Cuirassiers de Reichshoffen. Strophes dites par M. Coquelin, à la Comédie-Française, le 25 oct. 1870. *Paris, Lemerre*, 1870. Ens. 2 plaq. in-12, brochés, *couv. imp.*

Éditions originales.

Ex. ornés : le 1er, de **3 importantes aquarelles originales par H. de Sta**; et le 2e, de **5 aquarelles par L. Bernard.**

85. **Bergerat** (E.). Poëmes de la Guerre, 1870-1871. *Paris, Lemerre*, 1871; in-12, broché, *couv. imp.*

Première édition collective. — Ex. orné de **15 aquarelles originales par H. de Sta.**

La couverture porte : *2e édition.*

86. **Berlot-Chapuis**. Fables-Proverbes précédées d'une lettre introduction de M. de Lamartine, etc. Édit. illustrée d'après les dessins de Rosa-Bonheur, Bertall, Daubigny, J. David, Gavarni, Ph. Rousseau. Gravés par A. Lavieille. *Paris, Garnier ff.*, 1858, in-8, *fig.*, cart. toile bl., dos et plats ornés fers spéc. or et couleurs, tr. dor. *(Cart. de l'Édit.)*.

Premier tirage. Illustré de 12 grands bois hors-texte.

87. — *Le même ouvrage. Paris, Garnier ff.*, 1858 ; in-8, fig., broché, *couv. imp. (dos cassé)*.

Premier tirage.

88. **Bertall**. Cahier des charges des chemins de fer. Pamphlet illustré par Bertall. *Paris, Hetzel,* 1847 ; petit in-8, *fig.*, demi-rel. mar. bleu à grain long, dos orné, *non rogné, couv. ill. conservée.*

Edition originale. — Petites taches à qq. ff.

89. **Bertall**. La Comédie de notre temps. Etudes au crayon et à la plume. — La Vigne. Voyage autour des vins de France. — *Paris, Plon*, 1874-1878 ; 2 vol. gr. in-8, *fig.*, demi-rel. chag. vert et bleu avec coins, dos ornés, têtes dor., *non rognés.*

Premiers tirages.

90. **Berthet** (E.) **et H. Monnier**. Le Chevalier de Clermont. *Paris, H. Souverain*, 1841, 2 vol. in-8 ; cart. bradel, dos et coins percal. brune, *complèt. non rognés, couv. conservées.*

Edition originale.

91. **Bibliographie**. — Réunion de 8 vol. in-12 et in-8, brochés (1 relié).

Fontaine de Resbecq (A. de). Voyages littéraires sur les quais de Paris, 1857. — Connaissances nécessaire à un Bibliophile. Etablissement d'une Bibliothèque. *Rouveyre*, 1877. — Le Conseiller du Bibliophile, direct., M. C. Guillet,

1877. — La Bibliographie Jaune, par l'apôtre bibliographe, 1880. — Récréations bibliographiques, par Ludolphe de Virmond. 1882. — Souvenirs d'un vieux Libraire, par L. Leriche, 1885, *fig.* — Derôme (L.). Les Editions originales des Romantiques. *Rouveyre*, 1887, 2 vol. (*tiré à 800 ex. sur Hollande*).

92. **Le Bibliophile Français.** Gazette illustrée des Amateurs de livres d'estampes et de haute curiosité. *Paris, Bachelin-Deflorenne*, 1868-1873 ; 7 vol, in-8, *fil. et fig.*, brochés, couv. imp.

Collection complète de cette publication avec la collabode *J. Janin, A. France, Champfleury, de Goncourt, G. Brunet, P. Lacroix, Ed. Fournier, etc.*, et illustrée de 178 planches sur 180 hors texte, en noir et en couleurs et de figures dans le texte.

Cette publication contient *in extenso l'Armorial de Guigard.*

Ex. sur *grand papier vergé des Vosges.*

Manque 1 pl. au tome VI et 1 au tome VII. Tache d'humidité à la fin du tome VII.

93. **Bienvenu** (Léon). Réunion de 4 ouvrages en 9 vol. gr. in-8.

Le Trombinoscope, par Touchatout. *Paris, s. d.* (1872-1876), 4 vol. gr. in-8, *fig.*, en 240 livraisons, *couv. ill. des* tomes I et IV conservées. (*Edition originale*).

Le Trombinoscope, par Touchatout. Dessins de Moloch. *Paris*, 1882 ; gr. in-8, *fig.*, broché, *couv. ill.* (*Édition contenant 99 biographies*).

Histoire tintamaresque de Napoléon III, illustrée de nombreux dessins noirs et coloriés. *Paris, l'Eclipse*, 1873-1874 ; 2 vol. gr. in-8, *fig.*, brochés, *couv. ill.* (*Edition originale*).

Le Trocadéroscope. Revue tintamaresque de l'Exposition Universelle. Dessins de Alfred Le Petit. *Paris*, 1878 ; gr. in-8, *fig.*, broché, *couv. ill.* (*Edit. originale*).

Grande Mythologie tintamaresque. Dessins de G. Lafosse et Moloch. *Paris*, 1881 ; gr. in-8, *fig.*, broché, *couv. ill.*

93 *bis*. **Bogey** (G.). Coins de Paris. Le Petit Betting. Suite de 8 lithographies, par Maximilien Luce. *Paris, Ferroud, s. d.;* in-fol. en feuilles, sous *couv. ill.*

Tiré à 125 exemplaires, avec lithographies sur *papier de chine.*

94. **Boileau.** Œuvres de Boileau, illustrées par MM. T. Johannot, J.-J. Grandville et Devéria, avec une notice par M. Daunou. *Paris, Desmalis*, 1840; gr. in-8, *fig.*, demi rel. chag. rouge, dos orné, tr. jasp.

1er tirage. — Illustré d'un portrait sur *chine monté*, de 3 titres et de 18 planches hors-texte et de quelques vignettes dans le texte. — (Manque le 1er titre gravé).

95. **Boilly** (J.). Douze planches, 1832. Au Diable l'Album. *Paris, E. Ardit*, 1832; in-4 obl., demi-rel. veau fauve, tête dor., *non rogné, couv. ill. conservée.*

Album de couverture et 12 planches lithographiées et *coloriées.*

96. **Boret** (de). La Légende de Malborough. *Titre et 20 pl. à l'eau-forte.* — Cendrillon. *Titre et 20 pl. à l'eau-forte. Paris, Cadart et Luguet, s. d.;* 2 parties en 1 vol. in fol., demi-rel. — Almanach de la Société des Aqua-fortistes, 1865 (et 1866). *Paris, Cadart et Luquet*, 2 vol. in-4, cart. de l'édit. — Ens. 3 vol.

97. **Boulanger** (Mme Élise). Album par Mme Élisa Boulanger. Avec inspirations poétiques par Mmes A. Tastu, Anaïs Ségalas, Desbordes-Valmore, etc. *A Paris, chez Ducasse, édit., s. d.;* in-4, *pl.*, cart. vert de l'édit.

Titre lithographié et 6 lithographies hors-texte *coloriées.* Bel ex. auquel on a joint une **aquarelle originale de Mme Elise Boulanger.**

98. **Bric-à-brac Caricatural.** *Paris, Mon Martinet, s. d.*; *Titre et 16 pl.* — **Le Chaos.** Caricature de tout le Monde. *Paris, Aubert, s. d.; 32 planches.* — **Folies**

caricaturales, par Cham et Emy. *Paris, Aubert, s. d.; Titre et 64 planches.* — **La Lanterne magique** d'Aubert. Pièces curieuses, comiques, etc., par V. Adam, Alophe, Cham, etc. *Paris, Aubert, s. d ; 72 planches.* — **Musée des Enfants**. *Paris, Aubert, s. d.; 96 planches.* — Ens. 5 vol. in-4, cart.

99. **Briffaut** (E.). Paris à Table. Illustré par Bertall. *Paris, Hetzel*; 1846 ; petit in-8, *fig.*, broché, *couv. ill.*

Premier tirage. — Lettre autographe ajoutée.

100. — Le même ouvrage. *Paris, Hetzel*, 1846 ; Petit in-8, *fig.*, broché, *couv. imp.*

Premier tirage. — Couverture imprimée à l'adresse des *Garnier ff.*

101. **Briffaut** (E.). Paris dans l'Eau. Illustré par Bertall. *Paris, Hetzel*, 1844 ; petit in-8, *fig.*, demi-rel. chag. rouge, dos orné, tr. jasp.

Edition originale.

102. **Briffaut** (E.). Paris à Table. Illustré par Bertall. — **Balzac** (H. de). Paris Marié. Philosophie de la vie conjugale commentée par Gavarni. — *Paris, Hetzel*, 1846 ; 2 ouv. en 1 vol. petit in-8, *fig.*, demi-rel. chag. lavall., tr. jasp.

Premiers tirages.

103. **Brillat-Savarin**. Physiologie de Goût, ou Méditations de Gastronomie transcendante ; ouvrage théorique, historique et à l'ordre du jour, dédié aux gastronomes parisiens, par un professeur, membre de plusieurs sociétés savantes. 3e édition. *Paris, Sautelet*, 1829 ; 2 vol. in-8, *front.*, brochés, *couv. ill.*

Edition ornée de 2 lithographies *coloriées* d'*H. Monnier.*

104. **Cabinet de l'Amateur et de l'Antiquaire** (Le). Revue des tableaux et des estampes anciennes ; des objets d'art, d'antiquité et de curiosité. *Paris, au Bureau du Journal ; et Techener,* 1842-46 ; 4 vol. in-8, *planches et fig.*, demi-rel. bradel maroq. rouge, à grain long, *non rognés, couv. conservées.*

Collection complète de cette publication faite avec la collaboration de *Th. Gautier, J. Janin, Pr. Mérimée, Ch. Blanc, E. Piot, A. Houssaye*, etc. Illustrée de nombreuses vignettes à même le texte et de 19 planches hors texte (sur 22 ?), en noir et en couleurs.

On y a joint : **Piot** (Eug.). Le Cabinet de l'Amateur. Anées 1861 et 1862. *Paris, Didot,* 1863, 1 vol. gr. in-8, *fig.*, demi-rel. bradel maroq. rouge à grain long., *non rogné, couv. cons.*

105. **Cantiques d'Amour**. Dessins de Maurice Neumont Préface par A. Houssaye. Poésies de A. Dumas, A. Silvestre, C. Mendès, J. Richepin, A. Theuriet, P. Arène, etc. *Paris, le Journal, s. d.* ; in-fol., cart. de l'édit., *couv. ill.*

Ex. sur **papier du japon**, orné d'une **aquarelle originale** *de Maurice Neumont.*

106. **Caran d'Ache**. Albums. *Paris, Librairie du Figaro et Librairie Plon, s. d.*, 3 albums in-4, brochés, *couv. ill.*

Premiers tirages.
Album des Lundis. — C'est à prendre ou à laisser. — Album Caran d'Ache (Album troisième).

106 *bis*. **Caricatures** (Albums de). — Réunion de 5 albums in 4, cart. de l'éditeur *ill.*

Berr. L'Amour à Paris, *Paris, Aubert, s. d., 20 planches lithographiées.* — **Comba.** Coqueau et Coquette. *Paris, A. de Vresse, s. d., 18 planches lithographiées.* — **Gédéon.** Les Femmes de Ménage. *Paris, A. de Vresse, s. d., 19 planches lithographiées et coloriées.* — **Grévin.** La Monorganorama, fantaisies burlesques. *Paris, chez les Mds d'Estampes, s. d., 20 planches lithographiées.* — **Quillenbois.** Le Conservatoire de la Danse moderne, charges parisiennes. *Paris, chez Aubert, s. d.*; *12 planches lithographiées* (3 planches qui manquaient ont été remplacées à la fin).

107. **Carjat.** Galerie des Célébrités du Jour. *Paris, A. de Vresse, s. d.*; in-fol., cart. toile rouge de l'édit.

Titre et 19 portraits-charges lithographiés.

108. **Cazotte** (J.). Le Diable Amoureux. Roman fantastique, par J. Cazotte. Précédé de sa vie, de son procès et de ses prophéties et révélations par Gérard de Nerval. Illustré de 200 dessins par Ed. de Beaumont. *Paris, Ganivet*, 1845; in-8, *fig.*, demi-rel. veau vert, tr. jasp.

Premier tirage. — Port. de Cazotte, gravé sur acier, 6 figures hors-texte d'après celle de l'édition originale et 200 vignettes dans le texte.

109. **Cellarius.** La Danse des Salons. Dessins de Gavarni, gravés par Lavieille. 2e édit. *Paris, l'auteur*, 1849; in-8, *fig.*, broché, *couv. ill.*

2e édition, contient, en plus de la 1re, une lettre de Lamartine à Cellarius.

110. **Le Centaure.** Rédigé par MM. H. Albert, A. Gide, A.-F. Hérold, A. Lebey, P. Louÿs, H. de Régnier, J. de Tinan, P.-V. Avec la collaboration artistique de MM. L. Anquetin, J.-E. Blanche, A. Charpentier, Fantin-Latour, Ch. Léandre, G. Leheutre, F. Rops, A. Besnard, etc. *Paris*, 1896; 2 vol. in-8 carré *planches*, cart. toile verte de l'édit., *non rognés, couv. conservés.*

Un des 50 ex. sur **papier du japon impérial.**

111. — *Le même; Paris, 1896*; 2 vol. in-8 carré, pl., cart. toile de l'édit., *non rognés, couv. conservées.*

Ex. sur papier ordinaire.

112. **Les Cent-un Coiffeurs** de tous les Pays. Ouvrage spécial, fondé par Croisat, professeur de Coiffure. *Paris*, 1837-1840 ; 4 vol. in-8, *planches*, brochés, *couv. imp.*

113. **Cervantès**. L'Ingénieux hidalgo Don Quichotte de la Manche. Traduit et annoté par L. Viardot. Vignettes de T. Johannot. *Paris, Dubochet*, 1836-1837 ; 2 vol. gr. in-8, *fig.*, demi-rel. chag. rouge, tr. jasp.

Premier tirage. — Orné de 2 front., 2 figures sur *chine volant* et d'environ 800 vignettes sur bois dans le texte.
Piqûres de rousseur.

114. — le même ouvrage. *Paris*, *Dubochet*, 1845 ; Gr. in-8, *fig.*, cart. toile verte, dos et plats ornés fers spéc., tr. dor. *(Cart. de l'édit.)*.

Nouvelle édition publiée en un volume. — Ex. un peu fatigué.

115. **Cervantès**. L'Ingénieux Don Quichotte de la Manche. Trad. nouvelle. Illustré par J.-J. Grandville. *Tours*, *Mame*, 1848 ; 2 vol. in-8, *fig.*, cart. toile bleue, dos et plats ornés fers spéc. or et couleurs, tr. dor. *(Cart. de l'édit.)*.

Premier tirage des dessins de J.-J. Grandville. Illustré de 32 planches hors texte (8 sur acier et 24 sur bois).
On y a joint la *Suite complète des 8 figures sur acier*, très belles épreuves sur *chine monté*.

116. **Challamel** (A.). Histoire de la Mode en France. La Toilette des Dames depuis l'époque Gallo-romaine jusqu'à nos jours. Nouv. édit. ornée de 21 planches coloriées d'après les aquarelles de F. Lix et du culs-de-lampe par Scott. *Paris*, *Hennuyer*, 1881 ; gr. in-8, *fig.*, broché, *couv. ill.*

Envoi d'auteur sur le faux-titre (le nom du destinataire a été coupé).

117. **Cham**. Deux vieilles filles vaccinées à marier. *51 planches*. — Histoire de Mr Jobard. *Titre et 40 planches*. — Histoire du Prince Colibri et de la fée Caperdulaboula. *Titre et 31 planches*. — Mr Lajaunisse. *Titre et 35 planches*. — Mr Lamélasse. 52 planches. — Un Génie incompris. *Titre et 47 planches*. — Fantasia enfantine. *24 planches*. — Impressions de Voyage de M. Boniface, 1844. — *Paris, Aubert, Langlumé, A. de Vresse*, etc., *s. d.*, 8 albums petit in-4 obl., brochés et cart.

118. **Cham**. Album du Monde pour rire. Illustré par Cham. Paroles et musique de Ed. L'Huillier. *Paris, au Menestrel. Titre et 8 lithographies*. — Les Bains de Blankenberghe. *Titre et 12 planches*. — Fantasias. Album par Cham, Darjou et Pelcoq. *Paris, au Charivari. Titre et 30 planches*. — Les Tortures de la Mode. *Paris, au journal Les Modes Parisiennes. Titre, dédicace et 26 planches*. — Ens. 4 albums in-4, brochés et cart. ill. des édit.

119. **Cham**. A la guerre comme à la guerre. *Titre et 30 planches*. — Nos Gentils Hommes. Goût, tournure, élégance, mœurs et plaisirs de la jeunesse dorée. *Titre et 20 planches*. — Impressions lithographiques de Voyage. *Titre et 20 planches*. — Nouveaux Voyages et nouv. impressions lithographiques. *Titre et 20 planches*. — Souvenirs de garnison. *Titre et 30 planches (on y a joint 28 planches en épreuves* **avant la lettre**) — Mœurs britanniques. *Titre et 15 planches*. — Mœurs algériennes. *20 planches*. — *Paris, Aubert, et Cie, s. d.* 7 albums in-4, cart. ill. de l'édit

120. **Cham**. Fantasias. *Titre et 30 planches*. — L'Art de se conduire dans le Monde. *Titre et 20 planches*. — L'Art d'engraisser et de maigrir à volonté. *Titre et 20 planches*. — Les tâtonnements de Jean Bidoux dans la carrière militaire. *Titre et 18 planches*. — Pincez-

moi-ça à la campagne. *Titre et 20 planches.* — Ah quel plaisir de voyager ! *Titre et 20 planches.* — *Paris, Maison Martinet, s. d.*; 6 albums in-4, cart. (1 broché, *couv. ill.*).

121. **Cham.** Nos Gentils Hommes. *Titre et 20 planches.* — La Civilisation à la Porte. *16 planches.* — Les Madeleines. Variété de l'espèce Lorette. *Titre et 20 planches.* — Les Zouaves. *Titre et 30 planches.* — Fantasias. Album par Cham, Darjou et Pelcocq. *Titre et 30 planches.* — *Paris, Aubert, et au bureau du Charivari, s. d*; — 5 albums in-4, brochés, *couv. ill.*, et cart des édit.

122. **Cham.** Œuvres nouvelles (Actualités). *Titre et 18 planches.* — Les Aventures de M. Beaucoq, ex rosieur de la Commune de Nanterre. *Titre et 18 planches.* — Manuel de l'Homme vertueux. *Titre et 18 planches.* — Voyage de Paris dans l'Amérique du Sud. *Titre et 22 planches.* — *Paris, Arnauld de Vresse, s. d.* ; 4 albums in-4, brochés, et cart. ill. de l'édit.

123. **Cham.** Nos Gentils Hommes. *Titre et 20 planches coloriés.* — Les Madeleines. *Titre et 20 planches coloriées.* — Mœurs algériennes. *Titre et 20 pl. coloriées.* — Souvenirs de garnison. *Titre et 30 pl. coloriées.* — Turlupinades. *Titre et 15 pl. coloriées.* — *Paris, Aubert et A. de Vresse, s. d.* — 5 albums in-4, cart. de l'édit.

124. **Cham.** Actualités. *28 planches coloriées.* — Œuvres nouvelles (Actualités). *Titre et 18 planches coloriées.*— Mœurs britanniques. *Titre et 15 planches coloriées.* — Souvenirs charivariques de Spa. *15 planches coloriées.* — Turlupinades. *Titre et 15 pl. coloriées* (manque les pl. 3, 4, 7 et 13). — L'Art d'engraisser et de maigrir à volonté. *Titre et 20 planches coloriées.* — Souvenir d'Ostende. *Titre et 19 pl. coloriées;* Les Bains d'Os-

tende. *Titre et 12 pl. coloriées.* 2 albums reliés en 1 vol. — *Paris, Aubert, Martinet,* etc. — 7 albums in-4, cart. bradel et cart. de l'édit. (1 en feuilles).

125. **Cham.** Album saugrenu. Prédictions pour l'année prochaine. *64 planches (les pl. 31 et 59 sont incomplètes).* — Calembourgs en actions. *64 planches.* — Les Rébus comiques. Folie générale. *64 planches.* — Folies caricaturales, par Cham et Emy. *64 planches.* La Lanterne magique d'Aubert. Par MM. V. Adam, Alophe, Cham, Dollet, Eustache, Quillembois, etc. *72 planches.* — *Paris, Aubert, s. d.*; 5 albums in-4, cart. ill. de l'éditeur.

126. **Cham.** La Civilisation à la Porte. *Titre et 24 planches.* — L'Art de réussir dans le monde. *Titre et 20 planches.* — L'Art d'engraisser et de maigrir à volonté. *Titre et 20 planches.* — Souvenirs charivariques de Spa. *Suite de 15 planches.* — Nos Gentils Hommes. *Suite de 20 planches coloriées* (manque les pl. 3, 5, 13 et 15). — Ens. 5 albums in-4, en feuilles.

127. **Cham.** Les Tortures de la Mode. *S, l., n. d.*, in-4, cart.

Album de titre et 25 planches. — Ex. de l'**auteur,** contenant les épreuves **avant la lettre,** sur *papier de chine, et les légendes des titres manuscrits.* (Une des planches est inédite).

128. **Cham.** — Réunion de 3 ouvrages in-4, cart. toile rouge, ornés fers spéc. (*Cart de l'édit.*)

Douze années comiques par Cham 1868-1879. 1000 gravures. Introd. par L. Halévy. *Paris, C. Lévy,* 1880.

Les Folies Parisiennes. Quinze années comiques, 1864-1879. Introd. par Gérôme. *Paris, C. Lévy, s. d.*

Album Cham. Texte par Ignotus du *Figaro* et les rédacteurs de la France illustrée. *Paris, au profit des orphelins d'Auteuil, s. d.*

129. **Cham**. Collection d'Albums Comiques, *Paris*, *A. de Vresse*, *Lib. Nouvelle*. — 131 albums in-4, brochés, *couv. ill. et imp.*

L'Age d'argent, Album à aiguilles, Allons-y gaiement, l'Arithmétique illustrée, Au bal masqué, Au bal de l'Opéra. Baigneurs et buveurs d'eau, La Banque Proudhon, Ces bons Chinois, Ces bons Parisiens, Bouffonneries de l'Exposition, La Bourse illustrée, Calendrier pour 1853, Le Carnaval à Paris, Cascades dramatiques, Cascadeurs et Cascadeuses, Ca vient de paraître, Ces diables de Parisiens, Ces jolis Messieurs, Ces petites dames, Charges parisiennes, Chassepotiana, Les Chasseurs, Chinoiseries, Choses et autres, La Chronique du jour, Cocasseries du jour, Le Code civil (3 albums), Les Collégiens en vacances, La Comédie de lExposition (2 albums), Les Comiques sans le savoir, Le Corps Législatif pour rire, Coups de crayon, Courrier de Paris, Cours de géométrie, Cours de Physique, Les Courses, Croquades, Croquis d'automne, Croquis contemporains, Croquis en l'air, Croquis militaires, Drôleries contemporaines, Les Echappés de Charenton, En Carnaval, Encore un album, En Pologne, l'Exposition charivarisée, L'Exposition de Londres (2 albums), Fantasia, Fariboles, Folies du Jour, Les folies parisiennes, Les Français en Chine, Les Grimaces du jour, Histoire de plaisanter, Les jolis chasseurs, Les jours gras, Les kaiserlicks, Lantern' magique!, Leçons de civilité puérile et honnête, Macédoine, Le Manuel des Chasseurs, La Mascarade parisienne, Mélanges comiques, Mes Marionnettes, 1867 sur la sellette, Miroir de la Cuisine, Miroir du Collégien, Le Musée Campana, Nos Grotesques, Nos jeux et nos ris, Nouveau croquis de chasse, Nouveaux habits! Nouveaux galons! Nouvelles charges, Nouvelles charges parisiennes, Nouvelles croquades, Nouv. fariboles, Nouv. pochades, Olla-Podrida, Pantins du jour, Paris au crayon, Paris aux Courses, Paris l'été, Paris l'Hiver, Paris pour rire, Paris s'amuse, Pendant la Canicule, Promenades à l'Exposition, Promenades au Jardin d'Acclimatation, Proudhon en voyage, Proudhoniana (1848), Qui veut rire? Qu'on se l' demande, les Représentans en vacance, Revue comique de l'Exposition de l'Industrie, Revue de l'année 1866, Revue fantaisiste, La Saison des eaux, Scènes d'automne, Soulouque et sa cour, Souv. comiques de l'an 1858, Spahis et turcos, Un peu de tout, Une once de bon sang, Salmigondis, Variétés drolatiques, les Vacances d'agrément, Revue du Salon de 1853, Salon de 1857, Cham au Salon de 1861, de 1863 (2 albums), Le Salon de 1865 photographié, de 1866 photographié, Cham au Salon de 1867, Salon de 1868, Salon de 1869 charivarisé, Cham au Salon de 1870, Le Salon pour rire 1872, 1873, 1874, 1875, 1876, 1877, 1878 (2 albums).

130. **Cham.** — Réunion d'environ **350 croquis originaux à la plume.**

131. **Cham.** — **Les Fables de La Fontaine**, précédées de la préface de l'auteur, d'une notice sur sa vie, et de jugements sur ses œuvres. Nouv. édition complète illustrée de 40 dessins originaux par Cham. *Paris, Le Bailly, s. d.*; in-12, *fig.*, broché, *couv. ill.*

Edition non citée par Brivois et Vicaire.

132. **Chamilly** (Mme la Vicomtesse de). Scènes contemporaines laissées par feue Mme la Comtesse de Chamilly ; seconde édition, augmentée du dix-huit Brumaire, scènes nouvelles. *Paris, U. Canel*, 1828; in-8, *fig.*, broché, *couv. ill.*

Seconde édition ornée de 2 lithographies par H. Monnier, *coloriées.*

La 1re édition ne contient qu'une vignette. Ces Scènes ont été écrites, sous le nom de V[sse] de Chamilly, *par Loève-Veimars, E. Vanderbrugh et A. Romieu.*

133. **Champfleury**. Les Bons contes font les bons amis. Dessins par E. Morin. *Paris, Truchy, s. d.* (1863); in-8, cart. ill. de l'édit.

Premier tirage.

134. — *Le même ouvrage. Paris, Truchy* (1863); in-8, en feuilles, sous *couv. ill.*

Premier tirage.

135. **Champfleury**. Histoire de la Caricature antique. — Au Moyen-Age. — Sous la réforme et la ligue (Louis XIII à Louis XVI). — Sous la République, l'Empire et la Restauration. — Moderne. — Le Musée secret de la Caricature. — Histoire de l'Imagerie populaire. — *Paris, Dentu* ; 7 vol. in-12 ; *fig.*, cart. bradel dos percal. bl., *non rognés, couv. conservées.*

Bel ex. — Le dernier vol. est en demi-percal. brune ébarbé, recto seul de la couverture conservée.

136 **Champfleury.** Les Souffrances du Professeur Delteil. Avec 4 eaux-fortes dess. et gravées par Cham. *Paris, Poulet-Malassis et de Broise,* 1861, in-12, *fig.*, broché, *couv. ill.*

Première édition illustrée.

137. **Champfleury**. Les Vignettes romantiques. Histoire de la littérature et de l'art. 1825-1840. 150 vignettes par C. Nanteuil, T. Johannot, Devéria, Ed. May, J. Gigoux, etc. Suivi d'un Catalogue complet des Romans, Drames, Poésies, ornés de vignettes, de 1825 à 1840. *Paris, Dentu,* 1883 ; gr. in-8, *fig.*, broché, *couv. ill.*

138. — *le même ouvrage. Paris, Dentu,* 1883, gr. in 8, *fig.*, broché, couv. ill.

Un des 100 ex. sur **papier vergé de Hollande** (Ex. n° 42).

139. **Chansons d'un Invalide**. Troisième édition. *Rouen, de l'imp. de I.-S. Lefèvre,* 1846 ; in-8, *fig.*, demi-rel. chag. rouge, dos orné, plats toile, tête dor., *non rogné,*

Par Délorier. — Première édition illustrée, ornée de 6 figures par *H. Bellangé,* gravées sur bois, hors texte.

Un des **3 ex. tiré sur papier teinté**, avec les figures en *double état, sur chine, imprimées en noir et en bleu.*

140. **Chants et Chansons populaires de la France** (*Paris, Delloye; Garnier ff.*, 1843) 3 vol. in-8, en livraisons, *couv. illustrée.*

Premier tirage. — Exemplaire en livraisons, dans ses couvertures illustrées, sans titres, ni tables. — Manquent les livraisons 39, 52, 54, 55 et 69. Les livraisons 48, 64 et 79 sont rognés et ne possèdent pas leurs couvertures.

On y a joint la livraison de la *Marseillaise*, publié en 1848.

140 *bis.* **Chatillon** (Aug. de). La Levrette en pal'tot. *S. l., n. d.; Suite complète de 6 eaux-fortes* (texte et dessins); in-8 en feuilles, sous *couv. ill.*— La Levrette en pal'tot. *S. l., n. d.; (Copie de la suite ci-dessus par Caïn)*; in-8, en feuilles, sous *couv. ill.* — La Levrette en pal'tot. *Paris, Vanier, s. d.* (1891); broch. in-12, de 3 pp., et *couv. ill. par André Gill.* — Ens. 3 plaq.

141. **Claretie** (J.). Explication illustrée par A. Robida. *Paris, Lib. illustrée*, 1894; gr. in-8, *fig.*, demi-rel. bradel mar. citron avec coins, *non rogné, couv. ill. conservée (Carayon).*

Tiré à 300 ex. — Un des **50 ex. sur papier impérial du Japon** (Ex. n° 22).

142. **Cler** (A.). La Comédie à cheval ou Maniès et travers du monde équestre, Jockey-Club, Cavalier, Maquignon, Olympique, etc. Illustrée par MM. Charlet, T. Johannot, E. Giraud et A. Giroux. *Paris, E. Bourdin, s. d.* (1842); in-12, fig., cart. bradel, dos percal. bl., *non rogné, couv. conservée.*

Edition originale.

143. **Code** du Commis-voyageur. *Paris*, 1830, in-18; *front.*, cart. bradel dos percal. brune, *non rogné, couv. conservée.*

Edition originale, ornée d'une lithographie par *H. Monnier, coloriée.*

143 *bis*. **Coinchon**. L'Antiquité drôlatiques. Les 12 Travaux d'Hercule. Dessins par Coinchon. Fac-simile par Sevenet. *Paris, imp. Fraillery et Cie*, *s. d* ; in-4, en feuilles, sous *couv. ill. de livraisons*.

Album publié en 30 livraisons, contenant 59 planches dont une double, imprimées en noir et sanguine.

Ex. en feuilles, dans ses couvertures de livraisons. On y a joint l'affiche de publication.

143 *ter* — *Le même ouvrage. Paris, Imp. Fraillery, s. d.;* in-4, cart. toile rouge, orné fers spéc.

143 *quater*. — *Le même ouvrage*. Les douze travaux d'Hercule, illustrés par A. Coinchon, lithographiés par H. Sevenet. *Paris, Lemerre, s. d.*; in-4, cart, toile rouge, orné fers spéc.

144. **Compte-Calix**. Six tableaux de Compte-Calix. Scènes coloriées de la Bonne Compagnie Parisienne. *Titre et 6 planches grav. et coloriées.* — Vie Elégante de la Société Parisienne. Dessins de Compte-Alix gravés sur acier par Portier. *Titre et 12 planches.* — *Paris, au bureau du journal Les Modes Parisiennes, s. d.* Ens. 2 albums in-fol. obl., *couv. imp. en or.*

145. **Compte-Calix**. Les Nymphes de l'Opéra. Souvenirs Chorégraphiques par Compte-Calix, lithographiés par J. Champagne. *Paris, Lebrasseur; Goupil et Vibert, s. d.*, in-fol., cart. bradel dos percal. grise.

Album de titre et 12 planches lithographiées, *sur teinte et coloriées.*

146. **Les Contes du Palais**, par la Presse judiciaire parisienne. Illustrations de Kauffmann. — Les Nouveaux Contes du Palais, par la Presse judiciaire parisienne. Illustrations de Eug. Rapp. — Les Nouveaux Contes du Palais (3e série, année 1889), par la Presse judiciaire parisienne. Illustrations de Eug. Rapp. *Paris, Marpon et Flammarion, s. d.* (1887-1889) ; 3 vol. in-12, *fig.*, brochés, *couv. ill.*

Editions originales. — Exemplaires sur **papier du Japon**

147. **Coppée** (François). Lettre d'un mobile breton. *Paris, Lemerre*, 1870; plaq. in-12, broché, *couv. imp.*

Edition originale. Un des 22 ex. sur **papier de Hollande,** orné de **3 importantes aquarelles originales par H. de Sta.**

148. **Coppée** (F.). Bleuette. Contes en vers. Illustrations de H. Pille, gravées sur bois par A. Prunaire. *Paris, Lemerre*, 1880; in-4, *fig. en couleurs et en bistre*, cart. ill. *(Édition originale).* — **Album du Musée de la Jeunesse.** Dessin par A. Marie et H. Pille. Texte par J. Aicard, H. de Bornier, F. Coppée, E. Muller, Quatrelles, etc. Poésies de L. Supersac. *Paris, Baschet, s. d.*; in-4, *fig. en coul. et en noir*, cart. toile de l'édit. — Ens. 2 volumes.

149. **Cordier** (H.). Stendhal et ses amis. Notes d'un curieux. (Evreux, imp. Ch. Hérissey, 1890); *fig. et fac-simile. Tiré à 250 exemplaires.* — Charles de Lovenjoul. *Paris, H. Leclerc*, 1907. *Tiré à 60 exemplaires.* Ens. 2 vol. in-4, brochés, *couv. imp.*

150. **Cornille** (Henri). Souvenirs d'Espagne. — Castille. — Aragon. — Valence et les provinces du Nord. Avec vignettes. *Paris, A. Bertrand*, 1836; 2 vol. in-8, *fig.*, brochés, *couv. imp.*

Edition originale, ornée de 1 front. et 7 vignettes hors texte, gravées à l'eau-forte par *Paul Vasseur.*

151. **La Correctionnelle.** Petites causes célèbres. Etudes de mœurs populaires au XIXe siècle, accompagnées de 100 dessins par Gavarni. *Paris, Martinon*, 1840; in-4, *fig.*, demi-rel. mar. grenat avec coins, dos orné, tête dor., *non rogné, couv. ill. conservée.*

Bel exemplaire.

152. — *Le même ouvrage. Paris, Martinon*, 1840; in-4, *fig.*, en feuilles.

153. **Croisat**. Théorie de l'Art du Coiffeur, ou Méthode à suivre, pour approprier la coiffure aux traits, l'âge et la stature. *A Paris, chez l'Auteur*, 1832; in-12, *planches*, broché, *couv. imp.*

154. **Cuisin** (P.). Les Lunes Poétiques des Deux-Mondes; Contemplations philosophiques, historiques, morales et religieuses. Orné de jolies gravures des premiers artistes. *Paris, Le Bailly*, 1840; in-8, *pl.*, broché, *couv.*

Ouvrage orné de 9 lithographies hors texte.

155. **Damourette** (Ed.). Penseurs et Propos, grand album de caricatures. *Paris, Mon Martinet Hautecœur, s. d.* — Les Chattes parisiennes. *Paris, A. de Vresse, s. d.* — La Chicane et l'Amour deux vertus du même prix, par Lefils, Talin et Damourette. *Paris, H. Gache, s. d.*— Les Annonces comiques, suivies des Vertus domestiques ; par Quillembois, Randon et Damourette. *Paris, H. Gache, s. d.* — Ens. 4 albums in-4, brochés et cart. ill. de l'éditeur.

L'album « *Les Chattes Parisiennes* » est *colorié.*

156. **Dantan jeune.** Les Dominotiers de Dantan, jeune. *Paris, janv.* 1848, in-4, *pl.*, demi-rel. mar. à long grain avec coins, *non rogné.*

Ouvrage tiré à *70 exemplaires*, orné d'un frontispice *en couleurs* et 56 planches lithographiées tirées sur *chine monté.* Chaque portrait est accompagné d'une pièce de vers par S.-H. Berthoud.

Bel exemplaire.

157. **Dantan**. Dantanorama, par Dantan. *Paris, Neuhaus, s. d.*, in-fol. en feuilles, en 2 livraisons, sous *couv. illustrées.*

Suite complète de 12 planches lithographiées, contenant 19 portraits-charges.

Bel ex. en feuilles, avec des couvertures de publication.

On y a joint **un croquis original de Danton** : Portrait-charge de *Carle Vernet.*

158. **Dantan.** Musée Dantan. Galerie des charges et croquis des célébrités de l'époque, avec texte explicatif et biographique. *Paris*, *Delloye*, 1839 ; in-8, *fig.*, demi-rel. mar. rouge avec coins, tête dor., *ébarbé*.

1er tirage. — Ouvrage orné de 100 portraits, avec texte par *L. Huart*. — Le faux-titre est interposé.

159. — *Le même ouvrage* ; *Paris*, *Delloye*, 1839, in-8, *fig.*, demi-rel. de l'époque.

1er tirage. — Piqûres de rousseur ; interpositions, déchirure à une planche. Manque la notice de Ligier.

160. **Dantan.** Muséum Dantanorama. Lithographie par Grandville, Ramelet et Lepeudry. *A Paris*, *chez Susse*, *s. d.* ; in-fol., en deux livraisons, sous *couv. illustrées*.

Suite complète de 12 planches lithographiées, contenant chacune 2 portraits-charges de Dantan.

Bel ex. dans ses couvertures illustrées de publication.

161. **Darjou** (A.). Voyage comique et pittoresque en Bretagne. — Costumes bretons. — Les Plaisirs de Baden. Album de 30 lithographies. — *Paris*, *aux bureaux du Journal Amusant*, *et du Charivari*, *s. d.* — Ens. 3 albums in-4, brochés, *couv. ill.*

162 **Daudet** (A.). Lettres à un Absent. Paris, 1870-1871. *Paris*, *Lemerre*, 1871 ; in-12, en feuilles.

Edition originale.

Ex. orné de **13 aquarelles originales par H. de Sta.**

163. **Delvau** (A.). Les Heures Parisiennes. *Paris*, *J. Lemer*, *édit.* ; *Imp. Delâtre*. — Suite de 1 titre et 24 figures, gravées à l'eau-forte par E. Benassit, sur *chine monté* (2 sur blanc), et reliés en 1 vol. in-4, demi-rel. chag. lavall. avec coins, plats toile.

Suite complète. — La planche de « *Minuit* » est *avant* la suppression du petit amour.

On y a joint : *Appendice aux Heures Parisiennes.* Histoire du Livre d'Alfred Delvau, intitulé Heures Parisiennes, accompagnée de 3 lettres, d'un portrait et suivie de la réimpression des 7 cartons de texte supprimés par un censeur occulte placés en regard des textes substitués. *Paris, Lib. Centrale,* 1872 ; in-12, *port.*, demi-rel. bradel mar. brun à grain long, *non rogné,couv. conservée (Ex. sur hollande).*

164. **Desmares** (Eug.). Les Métamorphoses du Jour, ou La Fontaine en 1831, avec des vignettes dessinées par H. Monnier et gravées par Thompson. *Paris, Delaunay*, 1831 ; 2 vol. in-8, *fig.*, brochés, *couv. ill.*

Premier tirage, orné de 16 vignettes sur bois hors texte de H. Monnier.

On y a joint le Prospectus de l'ouvrage. — Bel ex.

165. — *Le même ouvrage. Paris, Delaunay*, 1831 , 2 tomes en 1 vol. in-8, demi-rel. chag. rouge, *rogné.*

Premier tirage.

166. **Desnoyers** (L.). Les Aventures de Jean-Paul Choppart. 3e édit. corrigée et augm. de nouveau par l'auteur, ornée de jolies lithographies. *Paris, Bureau* ; *Aubert, 1836* ; 2 vol. in-12, *fig.*, veau racine, dos ornés, tr. marb. *(Rel. anc.).*

Edition rare, ornée de 5 lithographies par *H. Daumier.*

167. **Devéria** (A.). Alphabet orné par A. Devéria, lithographié par A. Collette. *Paris, Delarue, s. d.*, in-4, *32 planches*, cart. ill. de l'édit. — Album de l'Artiste et du Conteur, contenant des nouvelles inédites : illustrées de 20 vignettes gravées, et ornés de 12 planches inédites de A. Devéria. *Paris, Dupin*, 1839 ; in-4. *Titre et 12 lithog. hors texte*, cart. de l'édit. — Ens. 2 vol.

168. **Le Diable à Paris**. — Paris et les Parisiens. — Texte par MM. G. Sand, P.-J. Stahl, L. Gozlan, F. Soulié, Ch. Nodier, de Balzac, A. Karr, G. de Nerval, A. Houssaye, Th. Gautier, G. Feuillet, A. de Musset, etc. Illustrations : Les Gens de Paris, séries de gravures avec légendes par Gavarni ; Paris comique, vignettes par Bertall ; vues, monuments, etc., par Champin, Bertrand, d'Aubigny, Français. *Paris, Hetzel*, 1845-1846 ; 2 vol. gr in-8, *fig.*, brochés, *couv. ill.*

1er Tirage. Ill. de 212 planches hors texte et d'environ 800 vignettes à même le texte.

On y a joint l'affiche illustrée, le plan de Paris, 3 prospectus et couvertures de livraisons de l'ouvrage. — La couv. du tome 1er est à la date de 1846.

169. — *Le même ouvrage. Paris, Hetzel*, 1845-1846 ; 2 vol. in-8, *fig.*, cart. toile bl., dos et plats ornés fers spéc., tr. dor. *(Cart. de l'Edit.)*.

1er Tirage.

On y a joint 2 cartonnages fers spéc. or et couleurs, différents.

Ex. sans le plan de Paris.

170. **Le Diable à Paris** et les Parisiens, à la plume et au crayon par Gavarni, Grandville, Bertall, Cham, Dantan, Clerget, Balzac, O. Feuillet, A. de Musset, G. Sand, P.-J. Stahl, etc. *Paris, J. Hetzel*, 1868-1869 ; 4 vol. gr. in-8, *fig.*, brochés, *couv. ill.*

2e Edition illustrée de 797 planches hors texte et de 258 vignettes à même le texte, formant un total de 1508 figures sur bois.

171. **Dittmer (Ad.) et Cavé.** Les Soirées de Neuilly, Esquisses dramatiques et historiques, publiées par M. de Fongeray, ornées du portrait de l'éditeur et d'un fac-simile de son écriture. *Paris, Montardier*, 1827, in-8, *port. et fac-simile*, cart. anc., *non rogné.*

Edition originale.

172. **Dittmer et Cavé**. Les Soirées de Neuilly... Seconde édition *Paris, Montardier*, 1827-1828 ; 2 vol. in 8, *port et fac-simile*, brochés, *couv. imp.*

Le tome II est de la 3e édition.

173. **Divers**. — 25 vol. in-12, in-8 et gr. in-8, brochés, *couv. ill. et imp.* (1 vol. en demi-rel. chag. rouge, *non rogné, couv. conservée).*

Gravillon (A. de). A propos de bottes. Avec 1 eau-forte et 85 croquis à la plume par l'Auteur. *Paris, Faure*, 1865 (*Edit. orig.*). — **Gravillon** (A. de). La Malice des choses. Avec 100 vignettes gravées par Bertall, d'après les dessins de l'auteur. *Paris, Faure*, 1867. (*1re édit. illustrée*). — **Pothey** (A.). La Muette. Illustrée par H. Daumier, H. Monnier, etc. *Paris, Daffis*, 1870 (*Edit. orig.*). – **Courmont** (L. de). Feuilles au vent. Poésies. Illustrations par A. Beauvais, Duvivier, Hanoteau, etc. *Paris, Tresse*, 1884. — **Martial Teneo**. Les Voluptueuses. 2e édit. *Paris, Vanier*, 1885.— **Cladel** (L.). Seize morceaux de Littérature. Dessins de Eug. Rapp. *Paris, Dentu*, 1889. — **Champsaur** (F.). La Divine Aventure. *Paris* (1889), 3 fig. de Legrand et Gerbault. — **Guillemot** (M.). La Mort de Pierrot. *Paris, Dentu*, 1889 ; *ill. de Chéret, Detaille, Puvis de Chavannes. Rochegrosse, Willette*, etc. — **Mitchi**. Là-Bas et Ailleurs. Dessins de Caran d'Ache, Forain, Sahib, Willette, etc. *Paris*, 1890. — **Les Joyeuses** histoires de nos pères. *Paris*, 1893; 16 livraisons in-12, *fig.*, brochés, *couv. ill.*

174. **Doré** (G.). Des-Agréments d'un voyage d'agrément. *Paris, de Vresse, s. d.* — Folies Gauloises depuis les Romains jusqu'à nos jours. Album de mœurs et de costumes. *Paris, Buréau du Journal Amusant, s. d.* — Two hundred Sketches, humorous and grotesque. *London, Warne and Co*, 1867 — Les Travaux d'Hercule. *Paris, chez Aubert.* — Ensemble 4 albums in-4, brochés, *couv. ill.*. et cart.

175. **Doré** (G.). La Ménagerie Parisienne. *Paris, au bureau du Journal pour Rire, s. d.* — Les Différents publics. *Paris, au bureau du Jal Amusant, s. d.* — Folies Gauloises depuis les Romains jusqu'à nos jours.

Album de mœurs et des costumes. *Paris, au bureau du J[al] Amusant. s. d.* — Ensemble 3 albums in-4, brochés, *couv. ill. et imp.*

176. **Doré** (G.). La Vie et les Œuvres de G. Doré, d'après les souvenirs de sa famille, de ses amis et de l'auteur Blanche Roosevelt. Ouvrage trad. de l'anglais par M. Du Seigneux. Préface par A. Houssaye. Très nombreux dessins inédits de G. Doré. *Paris, Lib. illustrée*, 1887 ; in 8, *fig.*, broché, *couv. imp.*

Ex. sur **papier du Japon.**

177. **Draner. Types Militaires** (Français et étrangers). *Paris, Daziaro (et Dusacq et Cie), s. d.* (1862-1869) ; in-fol., en feuilles.

Collection complète de 137 planches de Costumes Militaires, lithographiées et coloriées (la pl. 137 et dernière est en noir et en épr. d'état avant la lettre).

Cette collection de charges militaires, en général très exacte au point de vue du costume, a été d'abord publiée par *Daziaro*, lequel en juin 1867 céda son édition à la Maison *Dusacq et Cie*. Cette 1re série comprenait alors 115 planches ; elle fut continuée par Draner pour les nouveaux éditeurs jusqu'en 1869, et portée à 137 planches.

Il existe de plus, plusieurs planches doubles différentes. Ce sont les pl. 9, 11, 23, 26 et 117. — Ce qui fait au total 142 planches.

L'exemplaire ci-dessus a été formé par **Draner lui-même**. Les 115 premières planches portent *l'adresse de Daziaro* (sauf les pl. 43, 47. 50, 53, 54, 57, 60 à 65, 67, 69 à 71, 75, 80, 81 89, 91, 92, 95 à 97, 99 à 115 qui sont à l'adresse de Dusacq et Cie). —

On y a joint :

1° 12 planches doubles, en *épreuves d'état, avant la lettre.*

2° **Le dessin original** *et les deux épreuves du titre de l'ouvrage* : 3 pièces. (ce titre n'a jamais été publié et il n'existe que les feuilles d'épreuves et de dépôt).

3° **78 dessins originaux à l'aquarelle de Draner**, la plupart inédits ou présentant de grandes différences avec les pièces publiées. — Ces dessins sont en feuilles, renfermés dans 3 cartonnages originaux de la publication.

PRÉCIEUX EXEMPLAIRE.

178. — *La même collection. Paris, Dusacq et Cie.* 1867-1869 ; in-fol., en feuilles.

Collection comprenant 96 planches (sur 136). Les pl. 92, 104 à 107, 111, 114, 116 à 119, 123, 125 et 131 sont *en noir* et la plupart en *épreuves d'état*. — L'ex. renferme de plus une épreuve du titre inédit et 3 pl. doubles différentes (pl. n° 9, 26 et 117.)

Soit en tout 100 planches. — Quelques planches portant l'adresse de *Dazario*.

179. **Draner**. Types militaires Etrangers par Draner. *Lith. H. Sicard, s. d.*, 1892, in-4 : en feuilles.

Collection complète de titre et 20 planches.

Ex. contenant :

1° Les planches en *double épreuve en noir et coloriées*.

4° Les planches 4 à 20 *en épreuves d'état en noir*.

Ens. 59 planches.

180. **Draner**. Costumes Militaires Français et Etrangers (de 1806 à 1902). Collection de **25 dessins originaux à la plume et à l'aquarelle** par Draner. In-4 en feuilles.

181. **Dumas** (A.). Le Comte de Monte-Christo, par M. Alexandre Dumas. *Paris*, 1846 ; 2 vol. in-8, *fig.*, demi-rel. mar. bleu, dos ornés, têtes dorées.

Premier tirage. — 30 illustrations de *Gavarni et Tony Johannot*, hors texte, dont 1 portr. de l'auteur et nombr. lettres ornées et culs-de-lampe, sur bois.

On y a joint le *prospectus illustré* de l'ouvrage.

182. **Dumas fils** (Alex.). La Dame aux Camélias. Préface de J. Janin. Edition illustrée par Gavarni. *Paris, Havard*, 1858 ; gr. in-8, *fig.*, demi-rel. chag. lavall., dos orné, tr. jasp.

Première édition illustrée. — Mouillure.

183 **Dumas fils** (A.). Un Cas de Rupture. Illustrations page à page par Eug. Courboin. *Paris, anc. Maison Quantin*, 1892 ; gr. in-8, *fig.*, broché, *couv. ill.*, dans un emboîtage japonais.

Edition tirée à 1.000 ex. sur *papier vélin* (Ex. n° 38).
On y a joint une double couverture et un double emboitage.

184. **Dupont** (Pierre). Chants et Chansons (Poésie et musique) de Pierre Dupont, ornés de gravures sur acier d'après T. Johannot, Andrieux, C. Nanteuil, etc. *Paris, Houssiaux*, 1852-1859 ; 4 vol. in-8, *port. et pl.*, demi-rel. chag. bleu avec coins, dos ornés, têtes dor., *ébarbés*.

Le tome Ier est à la date de 1853 au lieu de 1851 indiqué par MM. Brivois et Vicaire. — Par contre le tome II est à la date de 1852 alors que MM. Brivois et Vicaire indiquent celle de 1853.

Orné de 158 gravures sur acier hors texte (sur 160), dont 1 portrait de P. Dupont (*Manque les 2 figures* : Le Chant des transportés (tome Ier) et Dieu sauve la République (tome II).

On y a joint : **Dix églogues**, poèmes bucoliques, par P Dupont. *Lyon*, 1864, in 8 ; Même reliure (*Edit. originale*).

185. **Les Environs de Paris**. Paysage historique, monuments, mœurs, chroniques et traditions. Ouvrage rédigé par l'élite de la littérature contemporaine, sous la direction de MM. Ch. Nodier et L. Lurine, et illustré de 200 dessins par les artistes les plus distingués. *Paris, Boizard et Kugelmann, s. d.* (1844) ; gr. in-8, *fig.*, demi-rel. chag. rouge, dos orné, plats toile, tr. jasp.

Premier tirage. — Orné de 28 pl. hors texte, dont 1 front. et de vignettes dans le texte, gravées sur bois. — Piqûres de rousseur.

186. **Les Etrangers à Paris**, par MM. E. Desnoyers, J. Janin, Old-Nick, Roger de Beauvoir, L. Huart, etc. ; Illustrations de MM. Gavarni, Th. Frère, H. Emy, Th. Guérin, Ed. Frère. *Paris, Ch. Warée, s. d.* (1844); gr. in-8, *fig.*, demi-rel. bradel mar. vert à long grain avec coins, *complèt. non rogné, couv. conservée (Durvaud).*

Premier tirage. — Ouvrage illustré de 30 planches hors texte et de nombreuses figures sur bois dans le texte.

Petite restauration à la couverture.

187 **Fabre** (Fr.). Némésis Médicale illustrée, recueil de satires, par François Fabre, revue et corrigée avec soin par l'auteur : contenant 30 vignettes dessinées par H. Daumier et gravées par les meilleurs artistes, avec un grand nombre de culs-de-lampe, etc. *Paris, au bureau de la Némésis Médicale*, 1840 ; 2 vol. in-8, *fig.*, demi- rel. mar. vert olive avec coins, dos ornés en long, têtes dor. (*Bonleu*).

Premier tirage des illustrations de *Daumier.*

188. — *Le même ouvrage* ; *Paris*, 1840 ; 2 tomes en 1 vol. in-8, *fig.*, demi-rel. veau vert, dos ornés, tr. marb.

Premier tirage.

189. — *Le même ouvrage; Bruxelles*, 1841, in-8, *fig.*, broché, *couv. ill.* (dos cassé).

190. **Féval** (Paul). Le Fils du Diable. *Paris, Wilhermy*, 1847-1848 ; 2 vol. gr. in-8, *fig* , demi-rel. chag. lavall ; tr. jasp.

Premier tirage. — Orné de 2 front. et de 26 planches hors texte gravées sur acier d'après *Lorentz, Staal, Ed. Frère* etc.

191. **La Fille Elisa.** Scène d'atelier en un acte, par un auteur bien connu. Avec illustrations d'un artiste aussi renommé qu'original. *A Rome, au Temple de Vénus, s. d.;* in-12, *pl.*, broché, *couv. imp.*

Tiré à très petit nombre sur *papier vergé.* Orné de 2 eaux-fortes hors texte.

192. **Florian.** Fables de Florian, illustrées par V. Adam précédées d'une notice par Ch. Nodier et d'un Essai sur la fable. *Paris, Delloye*, 1838 ; in-8, *fig.*, demi-rel. chag. grenat avec coins, dos orné, tête dor., *non rogné.*

Premier tirage. — Frontispice et 110 planches hors texte, gravées ; nomb. fleurons et culs de lampe.

193. **Florian.** Fables de Florian, illustrées par J.-J. Grandville, suivies de Tobie et de Ruth, poèmes tirés de l'Ecriture Sainte et précédées d'une notice sur la vie et les ouvrages de Florian, par P.-J. Stahl. *Paris, J.-J. Dubochet*, 1842 ; in-8, cart. toile noir, dos et plats ornés fers spéc., tr. dor. (*Cart. de l'édit.*)

Premier tirage. — Ill. de 80 planches hors texte et de 25 vignettes à même le texte.

Exemplaire avec toutes les illustrations *coloriées* à la main.

194. — *Le même ouvrage ; Paris, J.-J. Dubochet*, 1842 ; in-8, *fig.*, cart. bradel toile verte, *complèt. non rogné.*

195. — *Le même ouvrage. Paris, Garnier ff., s. d.* (1851) ; in 8, *fig.*, cart. toile bleu foncé, dos et plats ornés fers spéc., tr. dor. (*Cart. de l'Edit.*).

Edition illustrée de 80 planches hors texte, dont 1 frontispice et de 25 vign. dans le texte.

196. **Forain** (J -L.). La Vie. *Paris, Juven, s. d.* — Nous, vous, eux ! *Paris, Publications de la Vie Parisienne, s. d.* — Rires et grimaces, par Forain, Caran d'Ache, Willette. etc. *Paris, Baschet, s. d.* — Ens. 3 albums in-4, brochés, *couv. ill.*

Premiers tirages.

197. **Fournier** (Ed.). Histoire des Enseignes de Paris, revue et publiée par le bibliophile Jacob. Ouvrage orné d'un front. dess. par L.-Ed. Fournier, de 84 dessins gravés sur bois et d'un plan de la Cité au xve siècle. *Paris, Dentu*, 1884 ; in-8, *fig.*, broché, *couv. imp.*

Edition originale. — Bel ex. sur **papier de Hollande.**

198. **Fournier** (Ortaire). Les Animaux Historiques. Illustrations de V. Adam. *Paris, Carrier; Desesserts*, 1845, in-8, *fig.*, demi-rel. chag. br., tr. jasp.

1er tirage. — Ill. de 24 lithographies *sur teinte*, hors texte, et vignettes en-têtes et culs-de-lampe.

Ouvrage non cité par Vicaire. La planche « *la Biche de Satorius* » citée à la table n'existe pas dans l'ouvrage, par contre celle : « *les Oies du Capitole* » non citée à la table des gravures, existe.

199. — *Le même ouvrage*; suivis des Lettres sur l'intelligence des animaux de C. G. Leroy, et de particularités curieuses extraites de Buffon. Illustrés de vignettes intercalées dans le texte et de 20 gravures hors texte par V. Adam. *Paris, Garnier ff., s. d.*, in-8, *fig.*, demi-rel. chag. br., dos orné, plats toile, tr. dor. (*Rel. de l'édit.*).

Edition illustrée de 20 lithographies hors texte, *sur teinte*, et de nombreuses vignettes à même le texte.

200. **Fragonard** (Th.) **et Dufêy.** Types et Caractères anciens d'après des documents peints ou écrits. Texte par M. H. Mazuy. *Paris, Delloye*, 1841; in-4, *pl. et fig.*, cart. imp. de l'édit.

Ouvrage illustré de 20 lithographies, hors texte, *sur teinte et coloriées*; et de 40 vignettes et en-tête et culs-de-lampe.

201. **Les Français peints par eux-mêmes.** 1840-1842, 5 vol. — Les Français peints par eux-mêmes. Encyclopédie morale du XIXe siècle. Province. 1841-1842, 3 vol. — Le Prisme. Ecyclopédie morale du XIXe siècle. Illustré par MM. Daumier, Gavarni, Grandville, Meissonier, Trimolet, etc. 1841, 1 vol. — *Paris, L. Curmer*, 1840-1842; 9 vol. gr. in-8, *fig.*, demi-rel. mar. rouge à long grain, dos ornés, tr. jap. (*Rel. de l'époque*).

1er tirage. — Illustré de 8 frontispices et de 407 planches hors texte, *coloriés*, d'une carte gravée et de plus de

1.500 vignettes à même le texte. — Ex. contenant au tome I les 2 planches refaites et les mêmes planches refusées.

Exemplaire auquel on a joint les *422 couvertures de livraisons sur papier bleu, plus un grand nombre de couvercouvertures doubles sur papier jaune.* — Il manque les couv. des livraisons 38 à 41, 43, 63, 96 à 99, 108, 298 à 301, 411 à 414. Ces couvertures sont en bel état, et bien complètes, sauf quelques-unes dans les premiers numéros.

202. **Les Français peints par eux-mêmes** (Sous ce n°, il sera vendu un certain nombre de volumes dépareillés, plusieurs en double, brochés et reliés, des différents tirages, et un grand nombre de couvertures de livraisons).

203. **Les Français peints par eux-mêmes.** *Paris, Furne et Cie*, 1853, 2 tomes en 1 vol. gr. in-8, *fig.*, cart. toile de l'édit., tr. dor.

Texte à deux colonnes ; les illustrations dans le texte.

204. — *Même ouvrage ;* même édition. *Paris, A. Delahays*, 1860, 2 vol. gr. in-8, *fig.*, brochés, *couv. ill.*

205. **Français peints par eux-mêmes** (Les), types et portraits humoristiques à la plume et au crayon. Mœurs contemporaines par H. de Balzac, L. Gozlan, A. Achard, J. Janin, Fr. Soulié, A. Karr, E. de La Bédollière, de Cormenin, Ch. Nodier, Mme Ancelot, E. Briffault, P. Borel, etc. Illustrations de Meissonier, Daubigny, Grandville, Gavarni, Daumier, Charlet, T. Johannot, Français, Dauzats, Bertall, etc. *Paris, Philippart, s. d.* (1877-1878) ; 4 vol. gr. in-8, en 20 livraisons, *couv. imp.*

Premier tirage de cette édition contenant de nouvelles illustrations. — Orné de plus de 1.500 figures sur bois.

206. **Les Français.** Costumes des principales Provinces de la France, d'après nature par MM. Gavarni, H. Emy, Pauquet, Ferogio, Pelez, etc., lithographiés par

M. A. Coindre. *Paris*, *Curmer*, 1841 ; in-4, *planches*, demi-rel. chag.

Titre-frontispice *colorié* et 16 planches lithographiées en *double état*, *sur chine et sur vélin* (7 de ces dernières sont *coloriées*. — Texte imprimé en différents tons.

207. **Fuchs** (Edward). Das Erostiche Element in der Karikatus (Der Karikatur der europaïschen Völker, dritter Band). Ein beitrag zur Geischichte der Offentlichen Sittlichkeit von Ed Fuchs. Mit 202 illustrationen und 32 beilagen. *Berlin*, 1904 ; gr. in-8, *fig.*, cart. ill. de l'édit., *non rogné*.

Edition privée.

208. **Galerie de la Presse**, de la Littérature et des Beaux-Arts. Directeur des dessins, M. Charles Philippon. Rédacteur en chef, M. Louis Huart. *Paris*, *Aubert*, 1839-1841 ; 3 vol. in-4, *port.*, demi-rel. mar. rouge à long grain, dos ornés, *couv. ill. conservées*.

Orné de 147 portraits lithographiés par *Devéria*, *C. Nanteuil*, *Jullien*, *Alophe Menut*, etc. Chaque portrait est accompagné d'une notice. Titres et tables.

209. **Galerie des Femmes de Shakespeare**. Collection de 45 portraits gravés par les premiers artistes de Londres, enrichis de notices critiques et littéraires. *Paris*, *Delloye*, *s. d.* (1838) ; in-8, *pl.*, demi-rel. mar. brun à grain long, dos orné, tr. dor. (*Bouligny*).

Orné d'un frontispice et de 45 portraits gravés sur acier.

210. **Gautier** (Th.). Le Capitaine Fracasse. Illustré de 60 dessins de G. Doré. *Paris*, *Charpentier*, 1866 ; gr. in-8, *fig.*, demi-rel. chag. lavall. foncé avec coins, dos orné, tr. jasp.

1er tirage des 60 illustrations hors texte de *Gustave Doré*. — Exemplaire avec l'ex-libris de *Th. Gautier*, gravé par *Aglaüs Bouvenne*.

211. **Gautier** (Th.). La Nature chez elle. Eaux-fortes de K. Bodmer. *Paris, Imp. de l'Illustration*, 1870 ; in-fol., *fig.*, cart. toile rouge de l'Edit.

Edition originale. — Ex-libris Jolly Bavoillot.

212. **Gavarni**. Œuvres choisies de Gavarni, revues, corrigées et nouvellement classées par l'Auteur. — Etudes de mœurs contemporaines. Avec des notices en tête de chaque série. *Paris, Hetzel*, 1846-1848, 4 vol. gr. in-8, brochés, *couv. ill.*

Premier tirage. — Illustré de 320 planches, hors texte, et d'un frontispice.

On y a joint : 1° 8 couvertures de livraisons. — 2° La couverture, titre, faux-titre et table du tome II (la couverture est destinée à remplacer celle du vol. qui est en mauvais état). La couv. du tome Ier est également un peu fatiguée.

213. — *Le même ouvrage ; Paris, Hetzel*, 1846-1848 ; 4 vol. in-8, demi-rel. chag. lavall., tr. jasp.

Premier tirage. — Ex. avec les 320 figures *coloriées*. (Manque les titres des séries : « *Clichy* » et « *Paris le soir* »).

On y a joint le titre de la série « *Clichy* », mais *en noir*.

214. **Gavarni**. Œuvres choisies de Gavarni. Edition spéciale publiée par le *Figaro*.., suivies de l'œuvre complète publiée dans le Diable à Paris, sous le titre : Les Gens de Paris. 520 dessins avec légendes. *Paris*, 1857 ; in-fol., cart. bradel, dos percal. rouge, *non rogné, couv. conservées.*

215 **Gavarni**. D'après Nature. Texte par MM. J. Janin, P. de St-Victor, Ed. Texier, Ed. et J. de Goncourt. *Paris, Morizot, s. d.* ; in-fol., *40 lithog. hors texte*, demi-rel. chag. rouge, plats toile, tr. dor. (*Rel. de l'édit.*). — **Masques et Visages**. Notice pas Sainte-Beuve. *Paris, C. Lévy, s. d.*, in-fol., *72 lithographies*, cart. toile rouge, orné fers spéc. (*Cart. de l'édit.*).

216. **Gavarni.** Douze nouveaux travestissements par Gavarni, gravés sur acier par Portier. *Paris, J^{al} Les Modes Parisiennes,* 1856 ; in-4, broché, *couv. imp.*

Album de 12 planches gravées et *coloriées.*

217. — *Le même ouvrage.* In-4, cart. percal. rouge, *couv. conservée.*

218. **Gavarni.** Masques et Visages. *Paris, Paulin et Lechevalier,* 1857, petit in-8, *fig.*, demi-rel. mar. citron avec coins, dos orné avec mos., tête dor., *non rogné (Cotlin-Simier).*

Edition originale. — Un des *rares ex. imprimés sur* **papier Jonquille.**

219. **Gavarni.** Masques et Visages. *Paris, Paulin et Lechevalier,* 1857, petit in-8, *fig.*, broché, *couv ill.* (*Edition originale*). — Masques et Visages. *Paris, Lib. du Figaro,* 1868, gr. in-8, *port. et fig.*, cart. toile rouge de l'édit., tr. dor. (*Nouv. édition avec préface d'H. Rochefort et portrait de Gavarni*).— Ens. 2 vol.

220. **Gavarni.** Les Toquades. Album composé de 20 planches, dessinées sur pierre par Gavarni. *Paris, Imp. Lemercier, s. d.*; in-4, en ff., sous couverture.

Suite complète de 20 planches lithographiées sur *chine monté.*

On y a joint 4 planches en doubles, *épreuves d'état.*

221. **Gavarni.** Les Toquades, illustrées par Gavarni. Etudes de Mœurs, par Ch. de Bussy. *Paris, Martinon ; G. de Gonet, s. d.* (1858), gr. in-8, *fig.*, broché, *couv. ill.*

Orné de 20 planches lithographiées par Gavarni.

222. **Gavarni.** — Réunion de 3 ouvrages in-fol. et in-4, cart. toile de l'édit.

Œuvres choisies de Gavarni. Edition spéciale... *Paris*, 1864.

Les Douze Mois. Dernière œuvre de Gavarni. *Paris, A. Marc et Cie* (1869). (*La date a été grattée*).

Album Types Français, dessinés par Garvarni, H. Monnier, T. Johannot. *Paris, s. d.*; *couv. ill. conservée.* (*Manque 1 planche*).

223. **Gavarni.** — Réunion de 4 vol. et brochures, in 12 et in-8; brochés, *couv. imp.*

Gavarni. Œuvre posthume. Manière de voir et façons de penser. Précédé d'une étude sur Gavarni par Ch. Yriarte. *Paris, Dentu*, 1869.

Gavarni, l'homme et l'œuvre, par Ed. et J. de Goncourt. Ouv. enrichi du port. de Gavarni à l'eau-forte par Flameng et d'un fac-simile d'autographe. *Paris, Plon*, 1873 (*2 ex.*)

Les Artistes célèbres. Gavarni, par Eug. Forgues. *Paris, Rouam*, 1887.

223 *bis*. **George Dandin,** ou l'Echelle matrimoniale de la Reine d'Angleterre, petit conte national, traduit de l'Anglais par l'auteur de la Maison politique que Jacques a bâtie. Avec 15 gravures. *Paris, Ponthieu*, 1820. — **Le Joli petit Jeu** de la Maison que Pierre a bâtie. Dédiée à un Enfant gâté. *Paris, Pillet aîné*, 1820. — Ens. 2 vol. in-8, *fig.*, demi-rel. chag. rouge, têtes dor., *non rognés, couv. conservée au 1er vol.*

224. **Gérard-Fontallard.** — **Aujourd'hui.** Journal des Modes ridicules. Dessins de Gérard-Fontallard. De la 1re année 1838 à la 5e année 1842. *Paris*, 1838-1842 ; in-4, en feuilles.

Publication rare.

La 1re année (1838) porte comme titre : *Aujourd'hui. Bulletin des Modes ridicules, paraissant chaque mois.* A partir de la **2e année** (1839), la publication prend le titre de **Journal** au lieu de Bulletin, et parait 2 fois par mois à partir du mois de Juillet de la dite année. La 2e année doit donc renfermer 18 livraisons et les années suivantes 24 livraisons.

Notre exemplaire comprend.

1re année 1838. 12 planches, plus 1 supplémentaire pour octobre, *épreuves en noir* — 3 planches sont *en double, coloriées.* — Ensemble 16 planches, sans texte.

2e année 1839. 18 livraisons avec texte de 4 pp., orné de vignettes et 18 planches en *double épreuves, noir et coloriées* (sauf 3 pl. qui sont en *un seul état, coloriées*). — Ensemble 33 planches.

3e année 1840. Texte pour les livraisons 1, 2, 3 et 5. (sur 24). 21 planches (*sur 24*), dont *9 coloriées et 12 en noir* — 4 planches sont en *doubles épreuves, noir et coloriées.* — Soit ensemble 25 planches.

4e année 1841. 23 planches numérotées de 55 à 78 (*sur 24 : manque la pl. 76*), dont *22 sont en noir et 1 coloriée. 13 planches sont en doubles épreuves coloriées.* Soit ensemble 36 planches. Sans texte.

5e année 1842. 2 planches numérotées 79 et 80, *épreuves en noir.*

En tout 112 planches.

225. **Gerbault** (H.). Parisiennettes. — Le corps de la Femme. — *Paris, Publ. de la " Vie Parisienne ", s d.* — Ens. 2 albums in-4, brochés, *couv. ill.*

Premiers tirages.

226. **Gill** (André). Album de la Lune. Dessins par André Gill. *Paris, Dusacq et Cie*, 1868 ; *titre et 20 portraits charges coloriés.* — Vingt portraits contemporains par André Gill. Notice par Jean Richepin. *Paris, Magnier et Cie*, 1886 ; *titre, préface et 20 portraits.* (*Un des 50 ex. sur* **japon**, *avec double suite, en couleur avant la lettre, et en bistre avec la lettre*). - Ens. 2 vol. in-fol., cart. des Edit.

227. **Gill** (A.). La Corde au Cou. Comédie en 1 acte, en vers. Ornée d'une eau-forte par l'auteur. *Paris, Marpon,* 1876, in-12, *front.*, broché, *couv. imp. (Edit. originale).* — La Muse à Bibi, suivie de l'art de se conduire dans la Société des Pauvres bougres, par la Csse de Rottenville. *Paris, Lib. des abrutis,* 1879 ; in-12, cart. bradel dos et coins percal. bl., *non rogné,*

couv. ill. conservée. (Edition originale). — La Muse à Bibi. *Paris, Marpon,* 1881, petit in-12, *front.*, broché, *couv. ill.* — Ens. 3 vol.

228. **Girin.** Le Parisien hors de chez lui. Souvenirs et impressions de voyage. *Paris, au bureau du J[al] pour Rire, s. d.* — Les Tribulations de la vie élégante ou les Déplaisirs des gens heureux. *Aux Bureaux des Modes Parisiennes, s. d.* — Le Mérite des Hommes. *Arnault de Vresse, éditeur, s. d.* — Ens. 3 albums in-4, brochés et cart. ill. de l'éditeur.

229. **Glatigny** (A.). Le Jour de l'an d'un vagabond. *Paris, Lemerre,* 1870, petit in-12, *front. par A. Gill* **(2 exemplaires**, dont 1 broché, *couv. imp.;* l'autre, cart., dos percal., *non rogné).* — Le Fer rouge. Nouveaux Châtiments. *France et Belgique,* 1870, petit in-12, *front. de Rops (Edition originale).* — Albert Glatigny, sa bibliographie (par Poulet-Malassis), précédée d'une notice par J. Claretie et ornée d'un port. gravé à l'eau-forte par Frédéric Régamey. *Paris, J. Baur,* 1875 ; in-12, *port. (Tiré à 100 ex. sur papier vergé).* — Job-Lazare. Albert Glatigny. Sa vie, son œuvre. Avec 1 port. à l'eau forte par A. Esnault. *Paris, Bécus,* 1878 ; in-12, *port.* — Ens. 5 vol., brochés, *couv. imp.*

230. **Glatigny** (A.). Joyeusetés galantes et autres du vidame Bonaventure de la Braguette. *Luxuriopolis, s. d.;* in-12, *front.*, cart. bradel, dos percal. brune, *non rogné.*

Edition tirée à 500 ex. sur *papier vergé de Hollande.* — Frontispice de *F. Rops, sur chine.*

231. **Gœthe.** Werther, par Gœthe. Trad. nouvelle, précédée de considérations sur Werther et en général sur la poésie de notre époque par P. Leroux, accompagnée d'une préface par G. Sand. 10 eaux-fortes par

T. Johannot. *Paris, Hetzel*, 1845 ; gr. in-8, *fig.*, cart. toile bleue, dos et plats ornés fers spéc., tr. dor. *(Cart. de l'édit.)*.

1er tirage. — Illustré de 10 eaux-fortes, sur chine monté, avant la lettre.

232. **Goldsmith.** Le Vicaire de Wakefield. Traduction nouvelle par Ch. Nodier. Avec une notice par le même sur la vie et les œuvres de Goldsmith. Vignettes par T. Johannot. *Paris, Hetzel*, 1844 ; gr. in-8, *fig* , cart. toile bleue, dos et plats ornés fers spéc., tr. dor. *(Cart. de l'édit.)*.

1er tirage. — Edition ornée de 10 figurss hors texte, par *T. Johannot*, gravées sur acier par *A. Revel*, et d'une vignette sur bois, par *Meissonier* sur le titre.
Taches de rousseur.

233. **Goncourt** (Edm. et J. de). Histoire de la Société Françoise pendant la Révolution. *Paris, Quantin*, 1889, in-4 ; *fig.*, broché, *couv. ill.*

234. **Gonse** (Louis) Eugène Fromentin, peintre et écrivain. Ouvrage augmenté d'un Voyage en Egypte et d'autres notes et morceaux inédits de Fromentin, et illustré de gravures hors texte et dans le texte. *Paris, A. Quantin*, 1881 ; gr. in-8, *pl. et fig.*, broché, *couv. imp.*

Edition originale. — Portrait, 11 planches hors texte et figures dans le texte.

235. **Gosse** (Et.). Histoire des Bêtes parlantes depuis 89 jusqu'à 124, par un Chien de Berger, recueillie par Etienne Gosse. *Paris, Delaforest, Levasseur*,. 1828-1829 ; 2 parties en 1 vol. in-8, *fig.*, cart., *non rogné*.

Ouvrage orné de 4 lithographies *coloriées* par *H. Monnier*.

M. Vicaire, dans son *Manuel de l'Amateur de Livre du XIXe siècle*, ne cite que 2 figures et ne cite qu'un vol. s'arrêtant à la p. 304, alors que notre ex. renferme un second volume qui va jusqu'à la page 384 ; ce second vol. forme la 4e livraison de l'ouvrage qui devait à l'origine contenir 12 livraisons, avec chacune, 1 lithographie.

M. H. Beraldi, dans les *Graveurs du XIXe siècle*, ne cite que 3 figures.

236. — *Le même ouvrage. Paris, Delaforest*, 1828 ; in-8, *fig.*, broché, *couv. imp.*

Ex. s'arrêtant à la p. 192, formant les 2 premières livraisons de l'ouvrage ; orné de 2 lithographies *coloriées* par *H. Monnier.*

237. **Goupil Fesquet.** Voyage en Orient fait avec Horace Vernet en 1839 et 1840. Texte et dessins par M. Goupil Fesquet. *Paris, Challamel, s. d.* (1843), in-8, *fig.*, cart. toile bleu, orné fers spéc., tr. dor. *(Cart. de l'édit.).*

Edition originale. — Ornée de 16 lithographies *coloriées.* Bel ex.

238. **Grand-Carteret** (J.). La Femme en Allemagne. Avec 144 illustrations, dont 2 eaux-fortes et 3 planches en couleurs. *Paris, Westhausser*, 1887 ; in-8, *fig.*, cart. bradel, dos et coins percal. jaune, *non rogné*, *couv. ill. conservée.*

239. **Grand-Carteret** (J.). Les Mœurs et la Caricature en Allemagne, en Autriche, en Suisse, avec préface de Champfleury. Ouvrage illustré de 4 planches en couleurs, de 19 planches hors texte, de 314 vignettes, de portraits et de titres de journaux 2e édition. *Paris, Westhausser*, 1885 ; gr. in-8, *fig.*, broché, *couv. ill.*

240. **Grand-Carteret** (J.). Les Mœurs et la Caricature en France. 8 planches en couleurs, 36 planches hors texte, 500 illustrations dans le texte. (Reproductions d'œuvres anciennes et œuvres originales des artistes). *Paris, Lib. illustrée, s. d.* (1888) ; gr. in-8, *fig.*, broché, *couv. ill. (Dos cassé).*

241. **Grand-Carteret** (J.). Raphaël et Gambrinus ou l'Art dans la Brasserie. Front. de M. Desboutins, illustrations de Pille, Jeanniot, Dantan, Fx Régamey, Mars, J. Adeline, etc. *Paris, Westhauszer*, 1886 ; petit in-8, *fig.*, broché, *couv. ill.*

Edition originale.

242. **Grand-Carteret** (J.). Vieux papiers, vieilles images. Cartons d'un Collectionneur. 461 gravures documentaires dans le texte et 6 planches dont 5 coloriées. *Paris, Le Vasseur*, 1896 ; gr. in-8, *fig.*, broché, *couv. ill.*

243. **Grand-Carteret** (J.). — 5 vol. in-12 et petit in-8, *fig.*, dont 3 en demi-rel. chag. grenat, dos ornés, têtes dor., *non rognés, couv. conservées*, et 2 brochés, *couv. ill.*

Bismarck en Caricatures. Avec 140 reproductions. *Paris, Perrin*, 1890 (*2 exemplaires*, dont 1 broché). — Crispi, Bismarck et la Triple-Alliance en caricatures. Avec 140 reproductions. *Paris, Delagrave*, 1891. — L'Affaire Dreyfus et l'Image. 266 caricatures françaises et étrangères. *Paris, Flammarion, s. d.* — Les Caricatures sur l'Alliance Franco-Russe. Avec 88 reproductions. *Paris, anc. Maison Quantin, s. d.*

244. **La Grande Ville.** Nouveau tableau de Paris comique, critique et philosophique, par Ch. Paul de Kock. Illustrations de Gavarni, V. Adam, Daumier, d'Aubigny, H. Emy, etc. — La Grande Ville. Nouveau tableau de Paris... par H. de Balzac, A. Dumas, F. Soulié, etc. Illustrations de Gavarni, V. Adam, Daumier, d'Aubigny, H. Emy, Traviès et H. Monnier. *Paris*, 1842-1843 ; 2 tomes en 1 vol. gr. in-8, *fig.*, demi-rel. chag. vert, tr. peig.

Premier tirage. — Orné de 17 planches hors texte et de nombreuses figures sur bois dans le texte.

245. **La Grande Ville.** Nouveau tableau de Paris comique, critique et philosophique, par MM. Paul de Kock, Balzac, Dumas, Soulié, Gozlan, Briffault, Ourliac, E. Guinot, H. Monnier, etc. Illustrations de Gavarni, V. Adam, Daumier, D'Aubigny, H. Emy, Traviès, Boulanger, H. Monnier et Thenot. *Paris, Marescq,* 1844 ; 2 vol. in-8, *fig.*, brochés, *couv. imp.*

2e édition, absolument la même que la 1re, sauf les faux-titres réimprimées et 1 titre et front. gravés sur bois ajoutés à chaq. volume, plus 12 pl. hors texte au 1er vol. Bel exemplaire.

246. **Grandville.** Cent proverbes, par Grandville et par (trois têtes sous un même bonnet : Old Nick, Taxile Delord, A. Frémy et A. Achard). *Paris, H. Fournier,* 1845, in-8, *fig.*, cart. toile brune, orné fers spéc., tr. dor., *ébarbé* (*Cart. de l'édit.*).

Premier tirage. — Illustré de 51 planches hors texte, dont un frontispice, et nombreuses vignettes, lettres ornées et frises dans le texte. Quelques piqûres de rousseurs.

247. **Grandville** (J.-J.). Les Etoiles. Dernière féerie, par J.-J. Grandville. Texte par Méry. Astronomie des Dames, par le Cte Fœlix. *Paris, Martinon ; G. de Gonet,* 1858, 2 parties en 1 vol. gr. in-8, *fig.*, cart. toile bl., orné fers spéc. or et couleurs, tr. dor (*Cart. de l'édit.*).

2e édition non citée par MM. Brivois et Vicaire, ornée des mêmes planches de la 1re édition.

248. — *Le même ouvrage. Paris, G. de Gonet ; Leipzig, Ch. Twietmeyer, s. d.* (1849), 2 parties en 1 vol. gr. in-8, *fig.*, demi-rel. veau bl., tr. jasp.

Premier tirage. — Ouvrage illustré de 2 frontispices, 1 portrait de J.-J. Grandville et 12 planches, gravées et *coloriées.*

249. **Grandville.** (J.-J.) Les Fleurs Animées, par J.-J. Grandville, introduction par A. Karr, texte par T. Delord. *Paris, G. de Gonet*, 1847 ; 2 vol. gr. in-8, *fig.*, cart. toile, ornés fers spéc. or et couleurs, tr. dor. (*Cart. de l'édit.*)

Premier tirage. — Ouvrage illustré de 2 front. gravés sur bois et *coloriés*, de 50 planches sur acier *coloriées* et de 2 pl. de botanique.

La pl. " *Sensitive* " qui manquait, a été remplacée par celle de la 2e édition Garnier.

On y a joint :

1° Les *Couvertures illustrées de la 1re édition.*

2° *Les Fleurs animées*, par J.-J. Grandville ; *Bruxelles, Froment*, 1851, 2 vol. in-18; *fig. coloriées*, cart. ill. de l'éditeur. (*Edition minuscule*).

250. **Grandville.** Métamorphose du jour ou les Hommes à têtes de bêtes, par J.-J. Grandville. Edition populaire. *Paris. Aubert*, 1836 ; in-4 obl., cart. dos toile rouge.

2e Edition, composée de Titre et 71 planches lithographiées et *coloriées.* — Le titre est en *noir, et plus court.*

251. **Grandville.** Les Métamorphoses du Jour, par Grandville, accompagnées d'un texte par MM. A. Second, L. Lurine, Cl. Caraguel, T. Delord, L. Huart, Ch. Monselet, etc., précédées d'une notice sur Grandville, par M. Ch. Blanc. *Paris, G. Havard*, 1854 ; gr. in-8, *fig.*, cart. toile bleue, dos et plats ornés fers spéc. or et couleurs, tr. dor. (*Cart. de l'édit.*).

Premier tirage — Edition illustrée de 70 planches gravées sur bois et *coloriées.*

252. **Grandville.** Scènes de la Vie privée et publique des Animaux. Vignettes par Grandville. Etudes de mœurs contemporaines publiées sous la direction de M. P.-J. Stahl, avec la collaboration de MM. de Balzac, A. de Musset, Ch. Nodier, G. Sand, etc. *Paris, Hetzel et*

Paulin, 1842 ; 2 vol. gr. in-8, *fig.*, cart. de l'Edit. avec *couvertures illustrées sur les plats.*

Premier tirage. — Ill. de 201 planches hors texte et d'environ 100 vignettes à même le texte.

On y a joint :

1° La suite complète des figures hors texte, *épreuves coloriées* (*2e tirage*).
2° 31 planches hors texte, *épreuves d'artiste, portant la plupart des bons de tirage* (*1 pièce sur chine*).
3° 2 couvertures de livraisons et le prospectus illustré.

253. — *Le même ouvrage; Paris, Hetzel et Paulin*, 1842 ; 2 vol. gr. in-8, *fig.*, demi-rel. chag. brun avec coins, tr. jasp.

Premier tirage.

254. **Grandville**. Un Autre Monde. Transformations, visions, incarnations..., cosmogonies, fantasmagories, rêveries..., métamorphoses, métempsycoses, apothéoses et autres choses. Par Grandville. *Paris, P. Fournier*, 1844 ; gr. in-8, *fig.*, demi-rel. mar. rouge avec coins, dos orné, tête dor., *non rogné.*

Premier tirage. — Ouvrage illustré de gravures sur bois, dont 1 front. en noir et 36 planches tirées à part et *coloriées.*
On y a joint : 1° Le prospectus illustré; 2° 5 épreuves *avant la lettre* des planches hors texte.

255. **Grévin** (A.). *Le Monde Amusant.* 1er (— huitième) Album. *Paris, Bureaux du Journal Amusant, du Petit Journal pour rire, s. d.* ; 8 albums in-4, *pl. coloriées*, cart. toile rouge de l'*édit.*

256. **Grévin** (A.). Costumes de fantaisie pour un bal travesti, dessins inédits. — Les Filles d'Ève. Album de travestissements plus ou moins historiques. — Les Nouveaux travestissements Parisiens ; dessins inédits. *Paris, aux bureaux des « Modes Parisiennes, du Journal Amusant, etc.*, *s. d.* ; Ens. 3 albums in-4, *fig. coloriées*, brochés, *couv. imp.* et cart. toile rouge.

257. **Grévin** (A.) **et L. Huart.** Les Parisiennes. *Paris, Lib. illustrée ; Dreyfous, s. d.* (1879), gr. in-8, *fig. en noir et coloriées*, demi-rel. mar. orange, *non rogné, couv. ill. conservée.*

258. **Grose** (Fr.). Principes de Caricatures, suivis d'un essai sur la Peinture comique. Traduits en français, avec des augmentations. *Paris, Renouard*, 1802 ; in-8, *pl.*, demi-rel. chag. brun avec coins, dos orné, tête dor., *non rogné (Petit).*

Edition tirée à 200 ex., ornée d'un portrait et 28 planches gravées, hors texte.

259. **Guillaume** (A.). Albums inédits en couleurs Préfaces par Ed. Detaille, Willy, F. Vandérem, P. Hervieu, Grosclaude, A. Germain, A. Hermant, F. Chevassu, H. Lavedan, *Paris, Simonis-Empis, s. d.;* 9 albums in-4, brochés, *couv. ill.*

Premiers tirages.

P'tites Femmes. — Faut voir. — Y a des Dames. — Mémoires d'une glace. — Madame est servie. — Etoiles de mer. — Des Bonshommes (*1re et 2e séries*). — Mes 28 jours.

260. **Guinot**. L'Eté à Bade. Illustré par MM. T. Johannot, Eug. Lami, Français et Jaquemot. *Paris, Furne ; Bourdin, s. d.* (1847) ; gr. in-8, *fig.*, broché, *couv. ill.* (dos cassé).

1er tirage. — Illustré de 20 planches hors texte, dont 1 portrait et 12 planches en noir, 6 planches de costumes *coloriées*, 1 carte *coloriée*, et de nombreuses vignettes dans le texte.

261. — *Le même ouvrage*. 3e édition, revue et corrigée. *Paris, Bourdin, s. d.* (1857) ; gr. in-8, *fig.*, cart. toile bleue foncé, dos et plats ornés fers spéc. or et coul., tr. dor. (*Cart. de l'édit.*).

3e édition illustrée de 19 planches hors texte, gravées, dont 2 portraits en pied, 13 planches en noir, 3 planches de costumes *coloriés*, carte *coloriée*, et de nombreuses vignettes hors texte.

262. **Guinot.** (Eug.) L'Eté à Bade. Illustré par MM. T. Johannot, E. Lami, Français et Daubigny. 4e édit. précédée d'une notice sur l'auteur, par M. J. Janin, et de l'inauguration de l'embranchement de Strasbourg à Kehl, par M. A. Achard. *Paris, Bourdin, Hachette,* (1868), in-8, *fig.* broché, *couv. ill.*

Edition illustrée de 14 planches hors texte, dont 2 portraits en pied et une carte *coloriée,* et de nombreuses vignettes à même le texte. (*La couv. porte 5e édition*).

263. **Havard** (H.). La France artistique et monumentale. Ouvrage publié sous la direction de M. Henry Havard, avec collaboration de MM. J. Cousin, L. de Fourcaud, Ph. Gille, L. Gonse, J. Guiffrey, P. Muntz, etc. *Paris, Lib. illustrée, s. d.*; 6 vol. in-4, *pl. et fig.*, demi-rel. chag. brun avec coins, dos ornés, têtes dor.

264. **Henty** (C.-A.). Les Jeunes Francs-tireurs. Ouvrage traduit de l'anglais avec l'autorisation de l'auteur, par Mme L. Rousseau, et illustré de 20 vignettes par Janet-Lange. *Paris, Hachette et Cie*, 1873, in-8, *fig.*, broché.

Ex. avec les *figures aquarellées* et **orné de 13 aquarelles originales, par H. de Sta.** — Manque le plat recto de la couverture.

265. **Héraut d'Armes** (Le). Revue illustrée de la Noblesse. Directeur : le Cte A. de Bizemont. Gérant : V. Bouton. Collaborateurs : Cte de Semainville, Mis de Queux de St-Hilaire, Mis de Belbeuf, E. de Barthélemy, etc. *Paris, V. Bouton*, 1863-1877 ; 2 forts vol. gr. in-8, *fig. de blasons*, broché, *couv. imp.* (dos factice au 1er vol.).

Papier de Hollande. — Publié à 100 francs.

266. **L'Historial du Jongleur.** Chroniques et légendes françaises, publiées par MM. F. Langlé et E Morice ; ornées d'initiales, vignettes et fleurons imités des mss. originaux *Paris, F. Didot*, 1829 ; in-8, *fig.*, cart. toile grise, *non rogné (Cart. de l'édit.).*

Vignettes de *H. Monnier et Eug. Lami.* Texte imprimé en caractères gothiques.

267. **Hoffmann**. Contes fantastiques. Traduction nouvelle, précédés de souvenirs intimes sur la vie de l'auteur par P. Chistian. Illustrés par Gavarni. *Paris, Lavigne*, 1843; in-8, *fig.*, cart. toile verte, dos et plats ornés, fers spéc , *non rogné* (*Cart. de l'édit.*).

Premier tirage. — Illustré de 10 planches hors texte et de nombreuses vignettes à même le texte. — Ex. lavé et encollé, remboité dans son cartonnage original; restauration aux pp. 171-174.

268. **Huart** (L.). Muséum Parisien. Histoire physiologique, pittoresque, philosophe et grotesque de toutes les bêtes curieuses de Paris et de la banlieue. Texte par M. L. Huart. 350 vignettes par MM. Grandville, Gavarni, Daumier, Traviès, Lécurieux et H. Monnier. *Paris, Beauger*, 1841; gr. in-8, *fig.*, demi-rel. mar. rouge avec coins, tête dor., *non rogné*, *couv. conservée.*

Premier tirage.

269. **Huart** (L.). Paris au Bal. 50 vignettes par Cham (de N...). *Paris, Aubert, s. d.* (1845); in-8, *fig.*, demi-rel. mar. grenat avec coins, dos orné, tête dor., *non rogné, couv. ill. conservée.* (*Pagnant*).

Premier tirage.

270. -- *Le même ouvrage. Paris, Aubert* (1845); in-8, *fig.*, demi-rel. mar. rouge, dos orné, *non rogné.*

Premier tirage.

271. **Huart** (L.). Ulysse ou les Porcs vengés. Steeple-chase. Les Bals publics. Vignettes par Cham, Daumier, E. de Beaumont. *Paris, Garnier ff* , 1852; in-16, *fig.*, broché, *couv. ill.*

Premier tirage de cette parodie d'Ulysse, tragédie de Ponsard. — La couverture porte : 2e édition.

272. **Hugo** (A.). Histoire de l'Empereur Napoléon. Ornée de 31 vignettes par Charlet. *Paris, Perrotin*, 1833; in 8, *fig.*, cart. bradel percal. grise, *non rogné*, *couv. conservée*.

Premier tirage. — Couverture à la date de 1834 ; le plat recto est remonté.

273. **Jacottet.** Souvenirs des Eaux de Baden-Baden et des environs, dessinés d'après nature et lithographiés par J. Jacottet, avec figures par A. Bayot. *Paris, Gihaul ff., s. d.*; in fol., mar. bleu foncé à long grain, compart. de fil. et orn. sur les plats, tr. dor. (*Rel. anc.*).

Album de Titre-front. et 38 planches, lithographiés (*sur 40*). — Manquent les pl. 36 et 39.

274. **Jaime** (E.). Musée de la Caricature ou Recueil des Caricatures les plus remarquables publiées en France depuis le XIVe siècle jusqu'à nos jours. Avec un texte historique et descriptif. *Paris, Delloye*, 1838, 2 vol. in-4, *fig.*, veau gris souris, dos ornés en long.

Ouvrage contenant 226 planches en noir et *coloriées.*

Ex. bien complet du texte et des planches, contenant *31 planches doubles coloriées*, plus *2 planches en noir, avec différences.* — Portrait-charge de Jaime par Dantan, ajouté.

275. — *Le même ouvrage. Paris, Delloye*, 1838 ; 2 tomes en 1 vol. in-4, *pl.*, demi-rel. mar. rouge avec coins. (*Ex. dérelié*).

Ex. incomplet des faux-titres, titres et tables, des livraisons 37, 63, 73 et 73. De plus il manque 27 planches des liv. 1re, 42, 46, 49, 51, 52, 54, 55, 56, 58, 59, 65, 74, 75, 78 ; 79 et 80 ; plus 1 ff. de texte à la liv. 51.

276. **Janin** (J.). La Bretagne Illustrée par MM. H. Bellangé, Gigoux. Raffet, Isabey, Morel-Fatio, etc. 2e édition revue et corrigée par l'auteur. *Paris, Bour-*

din, 1862 ; gr. in-8, *fig.*, broché, *couv. ill. (dos cassé).*

2e édition. Illustrée de 31 planches, hors texte, dont 1 titre gravé, 19 figures en taille-douce, 10 planches de costumes et d'armoiries *coloriées*, 1 carte *coloriée*, et de nombreuses vignettes dans le texte.

277 **Janin** (J.). Les Petits Bonheurs. Illustrations de Gavarni. *Paris, Morizot, s. d.* (1856), gr. in-8, *fig.*, broché, *couv. imp.*

Premier tirage, orné de 15 gravures sur acier par *Gavarni.* — La couverture porte la date de 1857.

278. — *Le même ouvrage. Paris*, *Morizot*, 1857 ; gr. in-8, *fig.*, demi-rel. veau fauve, *ébarbé.*

279. **Janin** (J.). Les Symphonies de l'Hiver. Illustrations de Gavarni, *Paris, Morizot*, 1858 ; in-8, *fig.*, cart. toile tête de nègre, dos et plats ornés fers spéc., tr. dor. (*Cart. de l'édit.*).

Premier tirage. Orné de 15 planches hors texte d'après *Gavarni.*

280. — *Le même ouvrage. Paris*, Morizot, 1858 ; in-8, *fig.* broché, *couv*, *imp.*

Premier tirage.

281. **Janin.** Un Hiver à Paris. *Paris, Aubert ; L. Curmer*, 1843 ; gr. in-8, *fig.*, demi rel. chag. vert avec coins, dos orné, tr. dor. (*Rel. de l'époque).*

1er tirage. — Illustré de 18 planches par *E. Lami* en taille douce, hors texte, et de nombreuses vignettes à même le texte.

282. **Journées illustrées de la Révolution de 1848.** Récit historique de tous les évènements accomplis depuis le 22 février jusqu'au 31 déc. 1848, jour de la prestation du serment du Président de la République... accompagné de 600 gravures sur tous les évènements de cette époque, représentant des scènes politiques et

de mœurs, des vues, des portraits, costumes, caricatures, etc. *Paris, aux bureaux de l'Illustration, s. d.* ; in-fol., *fig.*, cart. toile noire, orné fers spéc., tr. dor. *(Cart. de l'édit.).*

283. **Jouy** (E. de). Œuvres. *Paris, Pillet, et Ladvocat,* 30 volumes in-12, *fig.*, brochés, *couv. imp.* (5 reliés).

L'Hermite de la Chaussée d'Antin, 1813-1814, 4 vol. (*sur 5*) (*manque le tome 1er*). *7 fig.* — Guillaume le Franc-Parleur, suite de l'Hermite de la Chaussée d'Antin, 1815, 2 vol, *3 fig. et titre grav.* — L'Hermite de la Guyane, 1816-1817, 3 vol., *6 fig.* — L'Hermite en Province, 1818-27. 10 vol. (*sur 14 ; manq. les tomes 5, 6, 11 et 14*). *11 fig. et 9 cartes.* (Les tomes 9, 10 et 13 sont reliés). — Les Hermites en Prison, 1823, 2 vol., *4 fig.* (*reliés*). — L'Hermite en Italie, 1824, 4 vol., *4 fig. et 4 cartes.* — L'Hermite à Madrid 1825, 2 vol.; *2 fig. et 1 carte.* — L'Hermite en Russie, 1829, 3 vol.; *carte.*

On y a joint :

Rougemont (de). Le Rôdeur français ou les mœurs du jour. *Paris, Rosa*, 1816-1823, 5 vol. in-12, brochés, *couv.*; *10 fig.* — *Rougemont* (de). Le Bonhomme ou nouvelles observations sur les mœurs parisiennes. *Paris, Pillet*, 1818, 1 vol. in-12, demi-rel.; *2 fig.* — *Colnet.* L'Hermite du Faubourg St-Germain. *Paris, Pillet*, 1825, 2 vol. in-12, brochés, *couv. 1 fig, et 1 plan.* — *Colnet.* L'Hermite de Belleville, *Paris*, 1833, 2 vol. in-8, brochés, *couv.* (*Mouillure*). — *Dupré de St-Maur.* Pétersbourg, Moscou et les provinces ; suite de l'Hermite en Russie *Paris, Pillet*, 1830, 3 vol. in-12, brochés, *couv. 1 fig. et 1 carte.* — Petit Hermite du Mont-Blanc ou observations sur les mœurs françaises, mêlées de chansons. *Paris, Le Fuel, s, d.* ; in18, broché ; *titre et 3 fig. grav.*

Ens. 44 volumes.

284. **Keepsake d'Histoire Naturelle.** Description des Mammifères, Classification du Cuvier, texte de Buffon. Revu, réduit et précédé d'une introd. par M. Ch. d'Orbigny. Ouvrage illustré par 140 dessins de V. Adam. — Description des Oiseaux, suivie d'un exposé de l'Art de les préparer et de les conserver... Revu,

réduit et précédé d'une introd. par M. Achille Comte. Ouvrage illustré par 150 dessins de V. Adam. — *Paris, Bazouge-Pigoreau, s. d.* (1839-40) ; 2 vol. gr. in 8, *fig.*, demi-rel. chag. violet avec coins, dos ornés, fers spéc., tr. dor. *(Rel. de l'époque).*

1er tirage. — Illustrés de 1 frontispice, 2 titres et 79 planches, hors texte, *coloriés*, et 1 portrait gravé sur acier.

285. **Keepsakes.** — Réunion de 3 vol.

Contes à nos jeunes amis, par MM. Ch. Nodier, A. Royer, E. Deschamps, F. Soulié, L. Gozlan, Th. Gautier, Mme Desbordes Valmore, etc. *Paris, Renduel*, 1835, in-12 ; *8 fig. hors texte*, mar. rouge à long grain, plats ornés à froid, tr. dor. *(Rel. de l'époque).*

La Corbeille. *Moulins, Desrosiers, s. d.*, in 8, *titre-front. en coul., 6 fig. hors texte, et texte avec encadr. sur bois*, cart. toile verte, dos et plats ornés fers spéc., tr. dor. *(Cart. de l'édit.).*

La Corbeille à ouvrage, par le Cte Fœlix. *Paris, G. de Gonet; Martinon, s. d.*, petit in-8, *pl. et fig.*, cart toile bleue, orné fers spéc., tr. dor. *(Cart. de l'édit).*

286. - **La Gerbe.** Album-Mosaïque par E. de Limagne. *Paris, Mandeville, s. d.* (1859), *1 front. et 23 planches gravées sur acier.* — **La Siesta**, par H.-L. Sazerac. *Paris, Mandeville, s. d.* (1850) ; *13 planches gravées sur acier.* — Ens. 2 vol. in-4, pl., cart. toile, ornés fers spéc., tr. dor. *(Cart. de l'édit.).*

287. — **La Giralda.** Peintres : Delacroix, Gavarni, Baron, Français, Diaz, etc. Poëtes et conteurs : Shakespeare, Lord Byron, W. Scott, A. Chénier, V. Hugo, G. Sand, A. de Vigny, etc. *Paris, Curmer, s. d.* (1845) ; *15 pl. hors texte.* — **La Sirène.** Peintres : Decamps, Diaz, E. Leroux, Gavarni, C. Roqueplan, etc. Texte : Emile de La Bédollière. *Paris, Curmer, s. d.* (1845), *15 pl. hors texte.* — Ens. 2 vol. in-4, *fig.*, cart. toile, ornés fers spéc., tr. dor. *(Cart. de l'édit.).*

288. — **Le Livre couleur de Rose**. Keepsake Album pour 1861, par Léo Lespès. Orné de 12 gravures sur acier *Paris*, 1861 ; *front. et 11 grav. hors texte.* — **Le Livre de Beauté.** Keepsake pour 1854, par Léo Lespès. Illustré de 13 gravures sur acier. *Paris, A. Blondeau, s. d.* (1853), ; *13 planches hors texte.* — Ens. 2 vol. gr. in-8, *fig.*, brochés, *couv. imp.* (Dos factice au 2e vol.).

289. — **Livre de Jeunesse** et de Beauté. Morceaux en prose et en vers, recueillis par Mme A. Tastu. *Paris, L. Janet, s. d.* (1833) ; in-18, *fig.*, cart. moire violet, dos orné, tr. dor. ; *étui.*

Orné d'un front. et 6 vignettes hors texte gravés par *Geoffroy.* — Texte par *V. Hugo, Lamartine, Mme Desbordes-Valmore, etc.*

290. **La Bédollière** (Emile de). Les Industriels, Métiers et professions de France. Avec 100 dessins par Henry Monnier. *Paris, Ve L. Janet*, 1842 ; gr. in-8, *fig.*, cart. bradel percal. bl., *complet non rogné.*

Premier tirage. — Illustré de 30 planches hors texte, et nombreuses vignettes dans le texte.

Bel ex. avec les figures hors texte *coloriées.* — Port. de *H. Monnier*, ajouté.

291. — *Le même ouvrage. Paris, Ve L. Janet*, 1842 ; gr. in-8, *fig.*, demi-rel. mar. brun avec coins à long grain, dos orné en long, tête dor., *non rogné, couv. conservée* (recto) *(Durvand).*

Premier tirage. — Bel ex. avec figures en noir ; la 1re est sur *chine monté.*

292. **La Bédollière** (E. de). Londres et les Anglais. Illustrés par Gavarni. *Paris, G. Barba*, s. d., (1862) ; gr. in-8, fig., broché, *couv. ill.*

Premier tirage des illustrations de *Gavarni.*

Un des rares ex. sur **papier de Hollande.**

293. **La Bruyère**. Les Caractères ou les mœurs de ce siècle, suivis du discours à l'Académie et de la traduction de Théophraste ; précédés d'une introd. par M. Ste Beuve. Illustrations de MM. Penguilly, Grandville et J. David. *Paris, Morizot*, 1864 ; gr. in-8, *fig.*, demi rel chag. rouge avec coins, dos orné, tête dor., *non rogné*.

Edition, la même que celle de 1845, *mais avec titre réimprimé* ; illustrée de 26 planches hors texte sur *chine monté*, et de nombreuses vignettes à même le texte. — Prospectus joint.

294. **La Fontaine**. Fables de La Fontaine, illustrées par J.-J. Grandville. Nouv. édition. *Paris, Fournier*, 1838 ; 2 vol. in-8, *fig.*, demi rel. veau bleu foncé, tr. jasp.

2e édition. — Illustrée de 1 frontispice sur *chine volant* et de 120 planches hors texte. Fleurons et culs de lampe.

Tache d'encre dans le haut des premiers ff. du tome II.

295. **Lamartine** (A. de). Histoire des Girondins. 4e édition ornée de 48 portraits-vignettes sur acier composés par Raffet. *Paris*, Société des Publications illustrées, 1848, 4 tomes en 8 vol. gr. in-8, *40 planches*, brochés, *couv. imp*.

296. **Lamartine**. Œuvres complètes. Edition nouvelle publiée pour la 1re fois par l'auteur. *Paris, Gosselin ; Furne*, 1834, 4 vol. in-8, *1 portr. et 6 fig. sur acier*, demi-rel. veau bleu, dos ornés, tr. marb. (*Rel. de l'époque*).

297. **Larchey** (Lorédan). Les Cahiers du Capitaine Coignet (1776-1850). Publiés d'après le manuscrit original. Avec 96 gravures en couleurs et en noir d'après les dessins de Julien Le Blant. *Paris, Hachette*, 1898; gr. in-8, *fig.*, cart. toile fers spéc., tr. dor. *(Cart. de l'édit.)*.

298. **Lasalle** (A. de). L'Hôtel des Haricots. Maison d'arrêt de la Garde Nationale de Paris. 70 dessins par Edm. Morin. *Paris, Dentu, s. d.* (1864) ; petit in-8, *fig.*, broché, *couv. ill.*

Premier tirage. — Vignettes dans le texte.

299. **Laurent de l'Ardèche** (P.-M.). Histoire de l'Empereur Napoléon. Illustrée par H. Vernet. *Paris, Dubochet*, 1840 ; gr. in-8, *fig.*, demi-rel. mar. rouge, dos orné d'abeilles et aigles impériales, tête dor., *rogné, couv. ill. conservée.*

2e édition augmentée de 45 planches hors texte *coloriées*, dont 44 de *Costumes militaires*, d'après *Bellangé* et d'un frontispice *colorié*, d'après *H. Vernet.* Exemplaire auquel on a ajouté *une suite de 100 figures* gravées en taille-douce (45 de portraits et 55 de scènes de batailles) hors texte, d'après *Raffet, Girardet, David, Prud'hon, E. Lami,* etc. Prospectus joint.

300. **Lavalette.** Fables de S. Lavalette. Illustrées par Grandville ; suivies de poésies diverses, illustrées par Gérard Séguin. *Paris, Hetzel et Paulin*, 1841 ; in-8, *fig.*, cart. toile verte, *non rogné.*

Premier tirage. — Illustré de 24 planches hors texte (21 de *Gandville* et 3 de *Gérard Séguin*), gravées à l'eau-forte. *Envoi autographe de l'auteur.*

300 *bis*. **Lavrate et G. Frison.** Les Pochades joyeuses ; Les Pochades pour rire. *Paris, Lib. comique, s. d.* ; in-4, *115 planches coloriées*, demi-rel. chag. noir avec coins.

300 *ter*. **Lavrate.** Caricatures politiques. **44 aquarelles originales.** In-4, en ff.

301. **Legay** (Marcel). Toute la gamme, 15 compositions illustrées et lettres autographes. *Paris, M. Emmanuel*, 1900. — **Cantiques d'Amour.** Dessins de Maurice Neumont. Poésies de A. Dumas, A. Silvestre, C. Mendès, J. Richepin, A. Theuriet, etc. *Paris, Le*

Journal, s. d. — **H. Pille et L. Roger-Milès**. Pages d'Autrefois. Avec une préface de F. Coppée. *Paris, Lanier et fils*, 1890. — **Vitta** (E.). A Travers un vitrail. Poésies. Dessins de Willette et de Boutet de Monvel. *Paris, Vanier*. 1892. — Ens 4 vol. in-fol. et in-4, *fig.*, le 1er cart., les autres brochés, *couv. ill.*

302. **Le Faure** (Amédée). Aux Avant-Postes. Juillet 1870-Janvier 1871. *Paris, Lemerre*, 1871, in-12, broché, *couv. imp.*

Edition originale. — Ex. sur **papier de Hollande**, orné de **19 aquarelles originales par H. de Sta**.

303. **Leprince de Beaumont** (Mme). Les Contes de Fées. Préface de Méry. Illustrations par Gavarni *Paris, Lib. Centrale*, 1865 ; in-8, *fig.*, broché, *couv. ill.*

Premier tirage. Illustré de 20 planches hors texte, *sur teinte.*

304. **Leroy** (Ch.). Le Colonel Ramollot. Recueil de récits militaires, suivi de fantaisies civiles. Avec un préface de Et. Carjat. *Paris, Marpon et Flammarion*, 1883 ; in-12, *fig.*, broché, *couv. ill.*

Edition originale ; illustrée par *Ed. Morin, Ferdinandus, F. Régamey, de Sta*, etc.

Ex. sur **papier de chine**.

305. **Leroy** (Charles). Un Gendre à l'essai. *Paris, Dentu*, 1888, in-12, broché, *couv. imp.*

Edition originale. — Un des 10 ex. sur **papier de japon**, orné de **11 dessins à l'aquarelle de Draner, J. Frappa**, etc.

306. **Lemercier de Neuville** (L.). Les Tourniquets. Revue de l'année 1861. Illustrations de M. Emile Benassit. *Paris, Poulet-Malassis*, 1862 *(2 exemplaires*, dont 1 relié, avec portrait ajouté). — Soirées parisienne. I. Pupazzi. Texte et images par Lemercier de Neuville. *Paris, Dentu*, 1866. — Ens. 3 vol. in-12,

fig., 2 brochés, *couv. imp.* et 1 en demi-rel. chag. grenat avec coins, tête dor., *non rogné*, *couv. conservée*.

Editions originales.

307. **Lépine** (Ernest). La Légende de Croque-Mitaine, récueillie par Ernest l'Epine, et illustrée de 177 vignettes sur bois par G. Doré. *Paris*, *Hachette*, 1863; in-4, *fig.*, cart. toile rouge, orné fers spéc., tr. dor., *(Cart. de l'édit.)*.

Premier tirage des illustrations de *G. Doré.*

308. **Le Sage**. Le Diable boîteux. Illustré par T. Johannot. Précédé d'une notice sur Le Sage, par M. J. Janin. *Paris*, *Bourdin*, 1840; in-8, *fig.*, demi-rel. bas., tr. marb.

Premier tirage. — Orné d'un front. sur *chine* et d'env. 140 vignettes sur bois dans le texte.

309. **Le Sage**. Histoire de Gil Blas de Santillane. Vignettes par Jean Gigoux. *Paris*, *Paulin*, 1835; gr. in-8, *fig.*, cart., couv. collée sur les plats, tr. jaunes. *(Cart. anc.)*.

Premier tirage des illustrations de *J. Gigoux.* — Orné d'un front. sur *chine volant* et env. 600 vignettes sur bois. — Prospectus joint.

310. **Le Sage**. Histoire de Gil Blas de Santillane. Précédée d'une introd. par M. J. Janin. Illustrations de Gavarni. *Paris*, *Morizot*, 1863; gr. in-8, *fig.*, demi rel. chag. rouge, dos orné, plats toile, tr. dor. (*Rel. de l'édit.*).

Premier tirage; orné de 20 planches hors texte d'après *Gavarni.*

311. — *Le même ouvrage. Paris*, *Morizot*, *s. d.*; gr. in-8, *fig.*, demi-rel. chag. grenat avec coins, dos orné, tête dor., *non rogné*.

Même édition, avec titre renouvelé.

312. **Le Tasse**. Le Jérusalem délivrée, trad. nouvelle et en prose par M. V. Philipon de la Madelaine, augmentée d'une description de Jérusalem par M. de Lamartine. Edition illustrée par MM. Baron et C. Nanteuil. *Paris, Mallet*, 1841 ; gr. in-8, *fig.*, demi-rel. veau bl. tr jasp.

1er tirage. — Illustré de 1 portrait et de 20 planches hors texte, sur *chine monté*, *avant la lettre*, et de 150 vignettes dans le texte.

313. **Librairie, Reliure,** etc, — Réunion de 5 volumes in-4 et in-8, brochés, *couv. imp.* et cart. d'édit.

Vachon (M.). Les Arts et les Industries du Papier, 1871-1894. *Paris, May et Motteroz, s. d.* ; *fig.* — **La Librairie,** l'édition musicale, la Presse, la Reliure, l'Affiche, à l'Exposition Universelle de 1900. *Paris*, 1900 ; *fig.* (*2 exemplaires*, dont 1 cart.). — **Exposition Universelle** de 1900. Musée retrospectif de la Classe 13. Rapport de la Commission d'Installation. *Figures.* — **Cercle de la Librairie.** 1re Exposition. *Paris*, 1880.

314. **Lireux** (A.). Assemblée Nationale Comique. Illustré par Cham. *Paris, M. Lévy ff.*, 1850 ; gr. in-8, *fig.*, demi-rel. mar. orange avec coins, *non rogné*, *couv. ill. conservée*.

1er tirage. — Illustré de 20 planches hors texte et de nombreuses vignettes à même le texte.

315. **Le Livre du Centenaire du Journal des Débats.** 1789-1889. *Paris, Plon*, 1889, fort vol. rel. gr. in-8, *fig.*, broché, *couv. imp.*

Exemplaire sur Papier de cuve (*N° 24*), avec une *double suite* des 6 eaux-fortes et des 10 héliogravures hors texte, dont 1 sur *chine volant* ; et 8 fac-similés hors texte. — Texte par *H. Taine*. *J. Simon*, *P. Bourget*, *de Vogué*, *A. Dumas*, *E. Renan*, *L. Halévy*, *J. Lemaître*, etc.

316. **Livres illustrés pour la Jeunesse.** — 5 vol. in-8, *fig.*, cart. de l'édit. et demi-rel. de l'époque.

Bouilly (J.-N.). Conseils à ma Fille. Illustrés de grav. sur bois, de lithographies à 2 teintes par Lobrichon et d'un front. richement colorié. *Paris, L. Janet, s. d., fig. et planches.*— **Causeries historiques.** Dimanche des Enfants. *Paris, L. Janet, s. d. : 13 lithog. hors texte.* — **La Morale en action** ou les Bons exemples. Ouvrage executé sous la direction et publié sous les auspices de M. Benj. Delessert et de M. le Bon de Gérando. Illustré de 120 dessins par J. David, gravés par Chevin. *Paris, Kugelmann*, 1842 ; *fig. sur bois.* — **Leprince de Beaumont** (Mme). Le Magasin des Enfants ; avec une notice sur l'auteur de Mme Eug. Foa. 2e édit. illustrée par Th. Guérin, Gavarni, Mouilleron, E. Watier, etc. *Paris*, 1847 ; *front. et 10 lithog. hors texte ; vign. sur bois.* — **Caboche Demerville** (J.). Panthéon de la Jeunesse (2e série). Vies des Enfants célèbres de tous les temps et de tous les pays. Illustrés par Gavarny, L. Garneray, J. Caboche, etc. *Paris*, 1843 ; *avec 20 lithog. hors texte.*

317. **Livres illustrés pour la Jeunesse.** — 6 vol. gr. in-8, *fig.*, cart. toile de l'édit., tr. dor.

Caboche Demerville (J.). Vies des Enfants célèbres de tous les temps et de tous les pays. Illustrées par Gavarni, L. Garneray, E. Wattier, Challamel, J. Caboche, C. Nanteuil. H. Monnier, etc. *Paris*, 1844-1845, 2 vol. *4 front. et 35 lith. hors texte, et vign. sur bois dans le texte.* — **Champagnac** (J.-B.-J.). Les Matinées du Printemps ou les Récits de la pépinière. Faits hist. et anecdotiques formant une nouvelle Morale en action à l'usage des jeunes gens des deux sexes. *Paris, Lehuby, s. d. ; 18 lith. hors texte et fig. sur bois dans le texte.* — **Drohojowska** (C^sse^). Fleurs de l'Histoire. Récits, nouvelles et souvenirs de tous les temps. Illustrés de dessin de MM. J. David, Champagne et Raunheim. *Paris, Lehuby, s. d. ; 18 lithog. hors-texte.*— **Fouinet** (E.). Les Douze Nations, avec illustrations. *Paris, D. Eymery, s. d.* (1844), *12 lithog. hors texte coloriées et vign. dans le texte.* — **Guérin** (Léon). Les Jours de Congé. Dessins par MM. Gueyrard et Cél. Deshayes. *Paris, Aubert, s. d. ; 15 pl. hors texte grav. et coloriées.*

318. — **L'Age d'Or**. Livre instructif et amusant, dédié à la Jeunesse, contenant de 150 contes, sujets amusants, instructifs, moraux et religieux, contes de fées, anecdotes historiques, etc. Edition illustrée par Gavarni, Daumier, et des premiers dessinateurs de l'époque. Du n° 1, janvier 1842 au n° 12, déc. 1842. *Paris*, 1843, gr. in-8, *fig. sur bois*, broché (*verso de la couverture conservée).* — **Vocabulaire des Enfants**, dictionnaire pittoresque, illustré par un grand nombre de petits dessins. 1re édition. *Paris, Aubert*, 1839, gr. in-8, *fig. sur bois, par H. Daumier, Gavarni, Meissonier, Gigoux, etc.*, *cart. illustrée (Manque le dos ; quelques ff. fatigués ; le front. indiqué par Vicaire ne s'y trouve pas).* — Ens. 2 vol.

319. — **Le Dimanche des Enfants**. Journal des Récréations. *Paris, L. Janet, s d* ; 6 vol. in-8, *pl.*, demi-rel. chag. brun avec coins, tr. dor.

Publication ornée de 78 lithographies hors texte par *L. Lasalle et H. Emy*. — Texte par *J.-N. Bouilly*, *Mme Eugénie Foa, Mme A. de Savignac, Th. Barrière, L. Guérin, A. de Latour, A. Dessenarts*, etc.

320. — **Journal des Enfants**, rédigé par toutes les sommités littéraires, et enrichi de dessins ; composés et gravés par les meilleurs artistes. *Paris*, 1832-1846 ; 14 années en 7 vol. gr. in-8, *fig.* et pl., demi-rel. veau gris, dos ornés.

Texte par *J. Janin, F. Soulié, A. Dumas, A. Karr, J. Sandeau, A. Houssaye, L. Gozlan*, etc. — Nombreuses figures sur bois dans le texte de *Grandville, Gigoux, Daumier, Raffet, Gavarni, C. Rogier, E. de Beaumont*, etc. — 43 planches hors texte, dont 13 lithographies, 28 pl. de travaux de dames et 2 pl. de musique.

321. — **Le Livre des Enfants**. Contes de Fées, choisis par Mmes Elise Voiart et A. Tastu. *Paris, Paulin*, 1836-1838 ; 6 tomes reliés en 2 vol. in-16, *fig.*, demi-rel. chag. vert, dos ornés.

Collection complète dont il est très difficile de réunir

aujourd'hui tous les volumes, et dont on ne connait qu'un nombre très restreint d'exemplaires complets. — Cette collection est ornée d'un grand nombre de vignettes sur bois par *Grandville*, *Gérard-Séguin*, *Français*, *Gigoux*, *Meissonier*, etc.

322. — **Revue de l'Education nouvelle.** Journal des mères et des enfants. 12 chants pour l'enfance en musique, 12 tableaux encyclopédiques, coloriés, 1re série (—4e série). *Paris*, 1849-1852, 4 vol. in-4, *planches*, demi-rel. chag. vert.

Journal accompagné de 48 tableaux encyclopédiques hors texte, *coloriés*, et de 48 morceaux de musique.

323. **Lœillot** (Karl). Les Voitures Publiques de Paris, dessinées d'après nature par Karl Lœillot. *Paris*, *Gihaut fl.*, *s. d.*; in-4 obl., cart. de l'édit.

Suite complète de 16 lithographies *coloriées*. — Déchirure à 1 planche.

324 **Lorentz.** Fiasque, mêlé d'allégories ; illustre illustration d'illustres illustralisés, illustrée par un illustrissime illustrateur illustrement inillustre. *Paris*, *Auguste*, 1841 ; 2 vol. in-8. cart. de l'édit.

Suite de 147 dessins de caricatures et de charges par *A. Lorentz*. — *Rare*.

325. **Lorentz.** Polichinel, ex-roi des Marionnettes devenu philosophe, par Lorentz. *Paris*, *Willermy*, 1848; in-8, *fig.*, broché, *couv. imp.*

Edition originale. — Ex. portant un long envoi de l'auteur à *G. Sand*, sur le faux-titre.

326. **Lorentz.** La fille de l'Alchimiste. Scénario de Ballet ou d'Opéra ; in fol., demi-rel.

Manuscrit original de 23 ff., écrit au recto seulement, composé du titre, texte, et **5 dessins originaux** *à la mine de plomb*, *rehaussés d'aquarelle ou de lavis.*

327. **Lorentz.** Rerserein, Histoire amusante et instructive des Révolutions de l'Avenir, par une Révolution passée, 1849 ; in-4, cart.

Manuscrit original de Lorentz, composé de titres, préface et **77 dessins originaux** *à la plume et lavis*, avec texte manuscrit au bas.

328. **Lorentz** (A.-J.). Pensées de la Rochefoucault, illustrées par A.-J. Lorentz. 1870 ; en ff., sous cart.

Titre et **13 dessins originaux de A.-J. Lorentz,** *au crayon et lavis*, avec texte au bas tiré des Maximes de La Rochefoucauld. — Offert par l'auteur à J. Claye.

329. **Lunes Parisiennes** Une livraison à chaque phase de la lune, et chaque mois une gravure. 30 octobre 1822-18 avril 1823. *Paris*, 1822-1823, 24 livraisons en 2 vol. in 8, *avec 5 grav. et 1 pl. musique*, demi-rel. chag. rouge avec coins, dos ornés, *non rognés*, *couv. de livraisons conservées*.

330. **Lurine** (L,). Le Treizième Arrondissement de Paris. *Paris*, *Lamiche*, 1850 ; in 8, *fig.*, broché. *couv. ill.*

Premier tirage. — Frontispice hors texte et vignettes sur bois dans le texte.

331. **Les Lys et les Roses.** Album. Paroles de Mme Mélanie Waldor. Musique de Mlle Octavie Romey. Illustré par Gavarni. *S. l.*, *n. d.* (1841) ; in-4, *pl.*, demi-rel. mar. brun à long grain, dos orné, plats ornés fers spéc., tr. dor. *(Rel. de l'édit.)*.

Titre front. et 8 lithographies hors texte, dont 6 par *Gavarni*.

332. **Madou.** Physionomie de la Société en Europe, depuis 1400 jusqu'à nos jours. 14 tableaux. *Bruxelles*, 1837 ; in-fol. obl., cart. anc.

Titre, préface, 2 ff., 14 planches lithographiées sur chine, et 1 planches lithographiée à plusieurs sujets à la fin de l'album.

333. **Mangin.** (Arthur). Voyage scientifique autour de ma chambre. Avec une préface-anecdote, par M. Pitre-Chevalier. *Paris*, 1862 ; in-8, *pl. et fig.*, demi-rel., veau vert.

Edition originale, non citée par Vicaire.

334. **Manzoni** (Alex). Le Comte de Carmagnola et Adelghio, tragédies d'Alex. Manzoni, traduites de l'italien par M.-C. Faurel ; suivies d'un article de Gœthe et de divers morceaux sur la théorie de l'Art dramatique. *Paris*, *Bossange ff*, 1834 ; in-8, veau marb., dos orné, tr. marb. (*Rel. anc*)

Vignette par *H. Monnier*, gravée sur bois, sur le titre de l'ouvrage.

335. **Marcelin.** Le Tabac et les Fumeurs, par Marcelin. *Paris*, *Journal Amusant*, *s. d.*; in 4, broché, *couv. ill.*

Album de 25 planches lithographiées, dont le titre.

336. **Marco de St-Hilaire** (Emile). Histoire anecdotique, politique et militaire de la Garde Impériale Illustrée par H. Bellangé, E. Lamy, de Moraine, Ch. Vernier ; musique des marches et fanfares de la Garde, transcrites par Alex. Goria. *Paris*, *Penaud*, 1847 ; gr in-8 *fig.*, cart. toile bleue, orné fers spéc., tr. dor. (*Cart. de l'édit.*).

Premier tirage. Illustré de 50 planches hors texte, dont 39 de *Costumes militaires, coloriées*. Nombreuses vignettes à même le texte et musique notée. Prospectus joint. Bel exemplaire.

337. **Marco de St-Hilaire** (Emile). Histoire populaire, anecdotique et pittoresque de Napoléon et de la Grande Armée. Illustrée par J. David. *Paris*, *Kugelmann*, 1843 ; gr. in-8, *fig.*, demi-rel. veau rouge, tr. jasp.

1er tirage. — Illustrée de 24 planches hors texte et de nombreuses figures dans le texte. — Fortes taches de rousseur et mouillures à la fin du vol.

338. **Martial** (Ad. Martial-Pontémont, dit). Les Boulevards de Paris. Histoire, état présent, maisons, grands et petits hôtels, jardins, théâtres, célébrités, etc. Texte et eaux-fortes sous la direction de E. de Saulnat et P. Martial. *Paris*, 1877 ; gr. in 8, *pl.*, broché, *couv. imp.*

Avec 20 planches hors texte à l'eau-forte.

339. **Martial**. Les Boulevards de Paris. *Paris, chez Proûté, s, d.* ; in-fol., en feuilles, dans cart. ill.

Album de 45 planches gravées à l'eau-forte.
Ex. avec les planches *coloriées.*

340. **Martial**. Paris Intime. Notes et eaux fortes. *Paris, Lacroix et Cie, édit., s. d.* ; in-fol., broché, *couv.*

Ouvrage tiré à *300 exemplaires, cuivres détruits après le tirage.*
Un des **68 ex. sur papier de chine**, *appliquée sur hollande.*

341. **Martin** (Alex.). — Réunion de 4 vol.

Manuel de l'Amateur d'huîtres. *Paris, Audot* 1828, in-18 *front. lith. par H. Monnier, colorié et 1 pl.*, cart., *non rogné, couv. conservée.*
Bréviaire du Gastronome. *Paris, Audot.* 1820, in-18, *front. lith. par H. Monnier, colorié*, demi-rel., tr. marb.
Traité médico-gastronomique sur les Indigestions. *Paris, Audot*, 1828, in-18, *fig. lith. par H. Monnier, coloriée*, broché, *couv. imp.*
Manuel de l'Amateur de Truffes. *Paris, Leroi*, 1828, in-18, *front. lith. par H. Monnier, colorié*, broché, *couv. imp.*
Editions originales.

342. **Maupassant** (Guy de). Mlle Fifi. Eau-forte par Just. *Bruxelles, Kistemaeckers*, 1882, in-18 ; *port*, broché, *couv. imp.*

Edition originale sur *papier vergé.*
Ex. orné d'une **aquarelle originale** à pleine page, sur le faux-titre, par **H. de Sta.**

343. **Mayeux**. — Réunion de 5 suites de figures et vol. illustrés.

Le Célèbre Mayeux. Suite complète de 1 couverture et 47 planches gravées. — *La même suite*. Suite complète de 47 planches *lithographiées et coloriées*. — **Mayeux**. Suite de 36 planches lithographiées et *coloriées*, d'après Travié . — Vies et aventures surprenantes de M. Mayeux et de sa nombreuse famille. *Paris*, 1846, *front. et 8 pl. grav. sur bois ; couv. conservée* (*2 ex.*).

344 **Mayeux**. — Réunion de 4 vol. ou suites de figures *libres*.

Les Amours secrètes de M. Mayeux, écrites par lui-même, ornées de 12 jolies gravures *Paris, s. d., 8 figures* (sur 12) — Histoire de Monsieur Dubosco. *Suite de 10 figures* (sur 12). — Mayeux. *Suite complète de 12 figures gravées, accompagnées de 12 ff. de texte*. — Mayeux. *Suite complète de 12 figures*.

345. **Mayeux**. — Réunion de 17 vol. in-8, in-12 et in-18, brochés et reliés.

Vie politique, civile, militaire et privée de Mr Mayeux. *Paris, front. et titre avec vignette, coloriés* (*5 éditions différentes*, publiées de 1831 à 1835). — Histoire véritable, facétieux, gaillarde, politique et complète de M. Mayeux. Par F. C. B***. *Paris, Tenny jeune*, 1831, *avec 1 pl. gravée se dépliant contenant 3 sujets*. — *Le même*. Nouv. édit. *Paris, Terry, s. d., front. colorié*. — Les Farces et les bamboches populaires de M. Mayeux. Etrennes à ceux qui aiment à rire comme des bossus. *Paris*. 1831. *front. colorié*. — *Le même ; Paris*, 1832, *front. en noir*. — Mayeux l'Indépendant, homme politique, diabolique, épigrammatique, drôlatique et prophétique. Par M. Bastide. *Paris, s. d.* (*2 ex.*). — M. Mayeux, par Auguste Ricard. *Paris, s. d.* 4 tomes reliés en 2 vol., *fig. sur bois aux titres*. — *Le même* (Tome Ier et II). *Paris, s. d.*, 2 vol. — Vie et aventures plaisantes, comiques et burlesques, de Jean Mayeux, racontées par lui-même. *Paris*, 1831, *fig. sur bois*. — M. Mayeux ou le Bossu à la mode, à propos de bosses, en 3 tableaux, par MM. St-Hilaire, Lepeintre jne et Eugène. *Paris, Barba*, 1831.

346. **Mémorial de Sainte-Hélène**, par le Cte de Las Cases ; suivi de Napoléon dans l'exil, par MM. O'Méara et Antomarchi, et de l'historique de la translation des restes mortels de l'Empereur Napoléon aux Invalides. *Paris, E. Bourdin*, 1842 ; 2 vol. gr. in-8, *fig. ;* demi rel. bradel mar. rouge avec coins.

1er tirage. — Illustré de 29 planches hors texte, *sur chine*, 2 cartes et 500 vignettes dans le texte.
Prospectus et couv. de livraisons, joints.

347. **Messieurs les Cosaques**. Relation charivarique, comique et surtout véridique des hauts faits des russes en Orient, par MM. T. Delord, Cl. Caraguel et L. Huart. 100 vignettes par Cham. *Paris, V. Lecou*, 1855; 2 vol. in-12, *fig.*, brochés, *couv. ill.*

Premier tirage. — M. Vicaire indique la date de 1854 pour le tome Ier et M. Brivois celle de 1855 pour les 2 vol.

348. **Métamorphoses d'Arlequin**. Parades jouées sur le Théâtre Français. *Bruxelles*, 1826; in-4 obl., cart. imp. de l'édit.

Suite complète de 12 planches lithographiées et *coloriées*. — Bel ex.

349. **Millaud** (A.). Phisiologies parisiennes Illustrations par Caran d'Ache, Job et Trick. *Paris, Lib. illustrée, s. d.* (1887) — La Comédie du Jour sous la République Athénienne. *Paris, Plon*, 1887. — Ens. 2 vol. gr. in-8. *fig.*, brochés, *couv. ill.*

Premiers tirages.

350. **Mirecourt** (Eug de). Les Contemporains. *Paris*, 1854-1858, 62 biographies (sur 100) in-32, *port. et facsimiles*, brochés, *couv. imp.* — **Castille** (Hipp.). Portraits politiques et historiques du XIXe siècle. *Paris*, 1857-1862, 32 biographies in-32, *port. et fac-similes*, brochés, *couv. imp.* — **Commerson** (J.-L.-A.). Les Binettes Contemporaines. Portraits par Nadar. *Paris*, 1854-1855, 10 vol. in-32, *port.*, brochés, *couv. ill.* — Ens. 104 vol.

351. **Monnier** (H.). Les Bas Fonds de la Société. *Paris, J. Claye*, 1862; in-8, cart. parchemin, 2 fil. noir, *non rogné. (Rel. de souscription).*

Edition originale. Tirée à *200 exemplaires sur papier vergé.* Bel ex. orné d'un **dessin original de H. Monnier,** daté de 1864, en tête de l'Avertissement, représentant Mr Prudhomme.

352. **Monnier** (H). Les Bas-Fonds de la Société. *Paris, (Imp. J. Claye), s. d.* gr. in-8, *front.*, mar. brun foncé, dos jans., dent. int., tête dor., *non rogné. (Chambrolle-Duru). Etui.*

Second tirage. — Bel ex. auquel on a joint le front. de *F. Rops, en cinq épreuves différentes, sur japon, hollande, chine, en bistre et en sanguine.*

353. **Monnier** (H.). L'Enfer de Joseph Prudhomme (Henry Monnier). C'est à savoir, la Grisette et l'Étudiant, les deux G.... Dialogues agrémentés d'une figure infâme et d'un autographe accablant. *Paris, à la sixième Chambre (Bruxelles, Poulet-Malassis), s. d.* (1866), in-12, *front. et fac.-simile,* demi-rel. chag. rouge avec coins, tête dor., *non rogné.*

Papier vergé. — Frontispice par *F. Rops* et fac-simile d'autographe.

354. **Monnier** (H.). Mémoires de Monsieur Joseph Prudhomme. *Paris, lib. nouvelle,* 1857, 2 vol. in-12 brochés, *couv. imp.*

Edition originale. — Les Couvertures portent la date de 1858.

Ex. auquel on à joint **deux aquarelles originales d'H. Monnier,** signées, la 1re avec dédicace à M. Burty, 1870. Prospectus ajouté.

355. **Monnier** (H.). Paris et la Province. *Paris, Garnier, fr.*, 1866; in-12, broché, *couv. imp.*

Edition originale.

356. **Monnier** (H.). Quintessence de l Économie politique transcendante, à l'usage des électeurs et des philosophes, par le Bon de Munster, trad de l'allemand par Em. Lecoq. Dessins de Henry Monnier. *Paris*, *Dutertre*, 1842 ; 2 vol. in-18 *fig.*, brochés, *couv. ill.*

Edition originale, ornée de 5 fig. hors texte d'*H. Monnier*.

357. **Monnier** (H.). Scènes de la ville et de la campagne, avec vignettes sur bois, par Henry Monnier, gravées par Gérard. *Paris*, *Dumont*, 1841, 2 vol. in-8. *fig.*, cart. bradel percal. brune, *non rognés*.

Edition originale, ornée de 7 vignettes hors texte par *H. Monnier*.
Ex. de la *Bibliothèque M[ce] Clouard*.

358. **Monnier** (H.). Scènes populaires, dessinées à la plume par Henry Monnier, ornées d'un portrait de M. Prudhomme et d'un fac-simile de sa signature. *Paris*, *Levavasseur et Dumont*, 1830-1835, 2 vol. in 8, *fig.*, demi-rel. veau fauve, dos ornés, tr. marb. *(Kleinhans)*.

Editions originales. — Le tome Ier est orné de 6 lithographies hors texte d'*H. Monnier*. Vignettes dans le texte au 2e vol.

On y a joint : **Scènes Populaires...** Tome 3, *Paris*, *Dumont*, 1839, in-8, *fig.*, broché, *couv. ill. (dos factice)*.

Edition originale, ornée de vignettes à pleine page. — La tomaison a été grattée sur le titre et la couverture. Couverture fatiguée.

359. **Monnier** (H.). Scènes Populaires (Mœurs françaises) par Henry Monnier, ornées de dessins à la plume par l'auteur. *Bruxelles*, *Deprez-Parent*, 1835-1841, 4 vol. petit in-12, *fig.*, cart. bradel percal. brune, *non rognés*, *couv. conservées*.

Ex. de la *Bibliothèque Clouard*.

360. **Monnier** (H.). Scènes populaires dessinées à la plume par H. Monnier. Nouv. édit. *Paris, Dentu*, 1879 ; 2 vol. in 8, *fig.*, demi rel. mar. bleu avec coins, dos ornés, têtes dor., *non rognés*.

Edition ornée de vignettes d'*H. Monnier* dans le texte.

361. **Monnier** (H.). Les Petites Gens. — Scènes Parisiennes. — Comédies Bourgeoises. — Croquis à la plume. — Galerie d'originaux. — Les Bourgeois aux champs. — *Paris et Bruxelles*, 1857-1858, 6 vol. in-32, cart. bradel percal. brune, *non rognés*, *couv. conservée*.

Collection Hetzel.

362. **Monnier** (Henri). Théâtre. 7 vol.

Les Compatriotes. Comédie-vaudeville en un acte. *Paris, Beck*, 1849, gr. in-8, broché, *couv. imp.*

Grandeur et décadence de M. Joseph Prudhomme Comédie en 5 actes et en prose par MM. H. Monnier et G. Vaez. *Paris*, Michel Lévy ff.; 1853, in-12, broché, *couv imp.*

La même pièce. Paris, M. Lévy ff., *s. d.* (1855) ; in-4, *avec vignettes en tête sur bois, d'après H. Monnier ;* cart., *non rogné.*

Le Bonheur de vivre aux Champs, comédie-vaudeville en 1 acte. *Paris*, 1855, gr. in-8, broché, *couv. imp.*

Le Roman chez la Portière, folie vaudeville en 1 acte. *Paris*, 1855, gr. in-8, broché, *couv. imp.*

Peintres et Bourgeois. Comédie en 3 actes et en vers, par MM. H. Monnier et J. Renoult. *Paris, Lib. nouvelle*, 1856, in-12, broché, *couv. imp.*

Les Métamorphoses de Chamoiseau, comédie-vaudeville en 2 actes. *Paris, Beck*, 1856, gr. in-8, broché, *couv. imp.*

Editions originales.

363. **Montaut** (H. de). Défauts et vices, composés par H. de Montaut, lithographiés par Bar, Haguental et Faconde. *Titre et 12 planches.* — Vertus et qualités. Dessins composés par H. de Montaut. *Titre et 12 planches.* — *Paris, Aubert et Cie*, *s. d. ;* 2 albums in-fol. obl., cart. ill. de l'édit.

364. **Montaut** (H. de). Vertus et qualités. Dessins composés par H. de Montaut. *Paris, Aubert et Cie, s. d.*, in-fol. obl., cart. de l'édit. *Titre et 12 planches lithographiées et coloriées.* — **Les Contes de Perrault,** continués par Timothée Trimm (Leo Lespès). Illustrés par Henry de Montaut. *Paris, Lib. du Petit Journal,* 1865 ; in-fol., *8 pl. hors texte et fig. coloriés*, cart. toile rouge de l'édit., *couv. ill. conservée.* (Ex. déboité). — Ens. 2 vol.

365. **Monteil** (Edgar). Les 3 du Midi. Illustrations de A. Robida. *Paris, Charavay, Mantoux, Martin, s. d.*, gr. in 8, *fig.*, broché, *couv. ill.*

366. — *Le même ouvrage. Paris, Charavay, etc., s. d.;* gr. in-8, *fig.*, cart. toile, orné fers spéc., tr. dor. *(Cart. de l'édit.).*

367. **Montel** (Jos.). Contes patriotiques. Ill. de MM. J. Beraud, E. Chaperon, Caran d'Ache, etc. *Paris, Marpon et Flammarion*, 1885, in 8, *fig.*, broché, *couv. ill.*

Ex. orné **d'une importante aquarelle originale** sur le faux-titre, par **H. de Sta**, et *avec les illustrations coloriées.*

368. **Morin** (Louis). Revue des Quat'Saisons. *Paris, Lib. Paul Ollendorff*, 1900-1901, 4 vol. *(Un des 100 ex. sur* **papier du Japon**). — Carnavals Parisiens. *Paris, Mongrédien et Cie, s. d.* — Ens. 5 vol. in-12, *fig.*, brochés, *couv. ill.*

Premiers tirages.

369. **Murger** (Henri) **et la Bohême.** 6 vol. in-12, brochés et reliés, *couv. conservées.*

Henry Murger, par Th. Pelloquet, 1861, *port.* — Histoire de Murger pour servir à l'histoire de la vraie Bohême, par trois buveurs d'eau (1862). — Les derniers Bohêmes, H. Murger et son temps, par F. Maillard, 1874, *port. ajouté.* — Les Soupeurs de mon temps, par R. de Beauvoir, 1868. — Souvenirs de Schaumard, par Alex. Schanne, 1887, *2 portr.* — Maygnier (R.). Le dernier Bohême *s. d.*

370. **Musée ou Magasin Comique de Philipon,** contenant 800 dessins par MM. Cham de N., Daumier, Fontallard Forest, Gavarni, Grandville, Jacque, etc. Texte par MM. P. Borel, Cham de N., L. Huart, Ch. Philipon, etc. *Paris, Aubert, s. d.* (1842-1843) ; 2 vol. in-4, *fig.*, cart. ill. de l'édit.

371. **Musique** (Albums de Romances, et), illustrés de lithographies originales par *C. Nanteuil, Devéria, Gavarni, Mouilleron, Grenier, J. David*, etc., etc.

Sous ce numéro, il sera vendu en plusieurs lots, environ **300 albums** de *Et. Arnaud, P. Henrion, A. de Beauplan, L. Abadie, Th. Labarre, F. David, Clapisson, Nadaud, Loïsa Puget, Masini, Romagnesi, Ch. Plantade*, etc.

La plupart de ces albums sont dans leurs cartonnages spéciaux des éditeurs. — Quelques albums sont incomplets.

372. — **Albums lyriques,** composés de Romances, Chansonnettes, nocturnes, ornés de vignettes, par A. Panseron, J. Doche, F. Masini, Mme Malibran, A. de Beauplan, Th. Labarre, etc. — 20 albums in-4 ; *lithog. de Deveria, Wattier, Roqueplan, J. Arago, Bouchot, Ramelet, A. Menut, Grenier, V. Adam, J. David*, etc., brochés et cartonnés des édit. *(Plusieurs exemplaires sont en double et 2 albums sont incomplets de figures).*

373. — **Etrennes lyriques.** Recueils composés de Romances, Nocturnes, Contredanses et Walses, par Romagnesi, et autres. — 9 albums in-4, *lithog. de Deveria, Wattier, Garneray, H Lecomte, Tellier, H. Bellangé*, etc., cart. des édit. *(Quelques ex. en double ; manquent plusieurs planches).*

374. **Musset** (A. de). Voyage où il vous plaîra, par T. Johannot. — A. de Musset et P.-J. Stathl. *Paris, Hetzel*, 1843 ; gr. in-8, *fig.*, cart. toile violet, dos et plats ornés, fers spéc., tr. dor. (*Cart. de l'édit.*).

Édition originale, ornée de 63 planches hors-texte sur bois et vignettes dans le texte.

375. **Les Mystères de la Vie du Monde**, ou les Mœurs d'aujourd'hui, scènes épisodiques et anecdotiques prises dans tous les rangs et conditions de la Société, avec des illustrations représentant les Personnages en actions. *Paris, B. Renault*, 1844 ; gr. in-8, *fig.*, cart. bradel percal. ocre jaune, *non rogné, couv. ill. conservée* (remontée).

Illustrations dans le texte par *H. Daumier, Gavarni* et autres.

376. **Nadar**. Les Dicts et faicts du chier Cyre Gambette le Hutin en sa court. Exposés par mon sieur Nadar, abstracteur de quintescence. *Se trouve chez l'Auteur*, 1881-1882. — La Passion illustrée sinon illustre de N.-S. Gambetta, selon l'Evangile de S[t] (Charles) Laurent. *Paris, s. d.* (1882). — Ens. 2 vol. in-16 carré, *fig.*, brochés, *couv. imp.*

Éditions originales, tirées à petit nombre sur *papier vergé de Hollande*.

Ex. d'auteur, numérotés, avec envois autographes signés de l'auteur (le nom du destinataire a été gratté sur le 1er vol.)

377. **Neukomm** (Edm.). Les Prussiens devant Paris, d'après des documents allemands. *Paris, Lib. de la Société des Gens de Lettres*, 1874 ; in-12, broché, *couv. imp.* (dos cassé).

Edition originale.

Ex. avec *envoi signé de l'auteur* à Alph. Leduc, et orné de **14 aquarelles originales par H. de Sta**.

378. **Nodier** (Ch.). Contes de Charles Nodier. — Trilby, Le Songe d'or, Baptiste Mautauban, la Fée aux Miettes, etc. Eaux-fortes par T. Johannot. *Paris, Hetzel*, 1846 ; gr. in-8, *fig.*, cart. toile bleue, orné fers spéc., tr. dor. *(Cart. de l'édit.)*.

Premiere édition illustrée, ornée de 8 eaux-fortes sur *chine*, par *T. Johannot*.

Exemplaire un peu fatigué.

79. **Norvins**. Histoire de Napoléon. 20e édition, illustrée par Raffet. *Paris, Furne*, 1841 ; gr. in-8, *fig.*, chag. vert, dos orné, armoiries sur les plats, tr. dor. *(Rel. de l'époque)*.

Édition illustrée de 1 front., 25 planches gravées hors-texte, dont 11 de portraits, d'une pl. de *costumes militaires*, coloriée, d'une carte, et de nombreuses vignettes sur bois.

Reliure avec armes de l'Empire sur les plats et la légende : *Donné par l'Empereur*.

Ex. un peu fatigué. Quelques taches.

380. **Le Nouveau Magasin des Enfants**. *Paris, Hetzel (et Blanchard)*, 1843-1857. 7 vol. petit in-8.

1. **Dumas** (A.)- La Bouillie de la Comtesse Berthe. Illustré par Bertall, 1845 ; cart. toile brune, orné fers spéc., tr. dor. (*Cart. de l'édit.*).

Edition originale.

On y a joint le prospectus de l'ouvrage.

2. **Dumas** (A.). Histoire d'un casse-noisette. Illustré par Bertall, 1845. 2 tomes en 1 vol.; demi-rel. chag. vert, tr. jasp.

Edition originale.

3. **Gozlan** (L.). Aventures merveilleuses et touchantes du Prince Chenevis et de sa jeune sœur. Vignettes par Bertall. 2e édit. 1852. Cart. toile bleu foncé, dos et plats ornés fers spéc., or et coul., tr. dor. (*Cart. de l'édit.*).

4. **Karr** (A.). Les Fées de la Mer. Vignettes par Lorentz, 1851. Broché, *couv. ill.*

Première édition illustrée.

5. **Karr** (A.). Histoire d'un Pion, suivie de l'emploi du temps, de deux dialogues sur le courage, et de l'esprit des lois ou les voleurs volés. Vignettes par Gérard Séguin, 1854. Broché, *couv. ill.*

Première édition illustrée.

6. **La Bédollière** (Em. de). Histoire de la Mère Michel et de son chat. Vignettes par Lorentz, 1846. Broché, *couv. imp.*

Edition originale.

7. **Perrault.** Contes illustrés par Grandville, Gérard-Séguin, Gigoux, Lorentz, Gavarni et Bertall, 1851. Broché, *couv. ill.*

Premier tirage.

388. **Old Nick** *(Em. Forgues)* **et Grandville.** Petites Misères de la Vie Humaine. *Paris, H. Fournier*, 1844, in-8, *fig.*, broché, *couv. ill.*

2e *Edition* illustrée de 200 vignettes dont 50 hors-texte. Mouillures.

389. — *Le même ouvrage. Paris, H. Fournier*, 1846 ; in-8, *fig.*, cart. toile bleue, dos et plats ornés fers spéc., or et couleurs, tr. dor. *(Cart. de l'édit.).*

3e *Edition.* — Mouillures.

390. **Paris au Dix-Neuvième Siècle.** Recueils de Scènes de la Vie Parisienne, dessinés d'après nature par V. Adam, Gavarni, Daumier, Bouchot, Bourdet, Cicéri, Pruche, Lepoitevin, Provost, Lorentz, C. Nanteuil, Devéria, Traviès, etc. 48 dessins et 200 vignettes sur bois. Avec texte descriptif par A. Second, Jaime, E. Pagès, Em. Gonzalès, etc. *Paris, Beauger ; Aubert*, etc., 1841 ; gr. in-4, *fig. et pl.*, demi-rel., chag. vert, dos orné.

48 planches lithographiées hors-texte, *coloriées.* Vignettes sur bois dans le texte.

On y a joint : 36 planches hors-texte, *en doubles, épreuves en noir.*

391. **Paris-Chantant.** Romances, Chansons et Chansonnettes contemporaines. Texte par Marc Fournier, Fertiault, Bourget, Festeau. Hig. Moreau, E. Briffaut, etc. Musique de Festeau, Scudo, A. Harquerie, Fr.

Schubert, etc. *Paris, Lavigne*, 1845 ; gr. in 8, *fig.*, demi-rel. chag. lavall., dos orné, tête dor., *non rogné.*

Premier tirage. — Illustrations sur bois, d'après *Daumier, Jacque, H. Emy*, etc.

392. **Paris-Comique.** Livre-Album. Dessins de MM. de Beaumont, Bouchot, Cham de N., Daumier, Emy, Gavarni, Grandville, H. Monnier, Pruche, Vernier et autres. Texte par les rédacteurs du Musée Philipon, du Charivari, de la Caricature, etc., etc. *Paris, Aubert, s. d.* (1844) ; in-4, *pl.*, cart. toile bl. de l'édit., tr. dor.

Revue publiée en 20 livraisons. Chacune d'elle contenant une lithographie, soit ens. 20 lithographies *coloriées.*

Ces lithographies ne sont pas les mêmes dans tout les exemplaires. Aubert qui possédait un grand nombre de planches les intercalait au hazard.

Notre ex. ne renferme que 19 lithographies (manque celle de la 20e livraison), comprenant 6 pl. de *Gavarni* 8 de *Daumier*, 1 de *H. de Monnier*, et 4 de *Bouchot, Travès et autres.*

La 15e livraison est en double ; par contre la livraison 13e manque.

393. **Paris et les Parisiens au XIXe siècle.** Mœurs, Arts et Monuments. Texte par MM. A. Dumas, Th. Gautier, A. Houssaye, P. de Musset, etc. Illustrations par MM. Eug. Lami, Gavarni et Rouargue. *Paris, Morizot, s. d.*, (1856) ; gr. in-8, *fig.*, broché, *couv. ill.*

Premier tirage. — Ouvrage illustré de 28 planches sur acier, hors texte.

394. **Paris qui s'en va.** 25 eaux-fortes par Léopold Flameng. Texte par A. Delvau, Th. Gautier, A. Houssaye, etc. *Paris, J. Taride, s. d.* ; in-fol., *planches*, cart. percal. rouge, tr. dor. (*Cart. de l'édit.*).

395. **Paris Historique**, pittoresque et anecdotique. *Paris, G. Havard*, 1854-1855, 11 vol. in-18, *fig.*, demi-rel., *non rognés, couv. (Collection complète. Texte par Rog. de Beauvoir, E. de La Bédollière, L. Lurine, E. de Mirecourt, Mce Alhoy, etc. Dessins de Beaucé et Fath).* — **Les Petits Paris.** *Paris, Taride*, 1854-1855, 9 vol. (sur 25), in-18, brochés, *couv. ill. par H. Daumier* (3 vol. sont cartonnés, *non rognés*). *(Texte par T. Delord, A. Frémy et Ed. Texier).* — **Physionomies Parisiennes.** *Paris, A. Le Chevalier*, 1867-1868, 10 vol. (sur 11) in-18, *fig.*, brochés, *couv. imp.* (*Texte par Ch. Monselet, Ed. Chavette, Ed. Texier, L. Leroy, etc. Dessins par Cham, E. Lorsay, Bertall, Hadol, Morin, Vernier, etc.).* — Ens. 30 vol.

396. **Pellico** (Silvio). Mes Prisons, suivies du Discours sur les devoirs des hommes. Traduction de M. Ant de Latour, avec des chapitres inédits, etc. Edition illustrée par T. Johannot de 100 beaux dessins gravés sur bois par les premiers artistes. *Paris, Delahaye*, 1853; gr. in-8, *fig.*, broché, *couv. ill.* (Dos cassé).

2e tirage. Illustré de 25 planches hors texte, dont 1 frontispice et nombreuses vignettes à même le texte.

397. **Perles et Parures.** Les Parures. Fantaisies par Gavarni. Texte par Méry. Histoire de la Mode par le Cte Fœlix. — Les Joyaux. Fantaisies par Gavarni. Texte par Méry. Minéralogie des Dames par le Cte Fœlix. — *Paris, G. de Gonet, s. d.* (1850), 2 tomes en 1 vol. gr. in-8, *fig.*, demi-rel. chag. lavall., plats toile, tr. dor.

1er tirage. — Ouvrage orné de 31 planches hors texte sur *chine monté*, plus 2 frontispices non cités à la table (le même se répétant à chaque vol.).

398. — *Le même ouvrage. Même édition.* 2 vol. in 8, *fig.*, demi-rel. mar. lavall. foncé avec coins, têtes dor , *non rognés, couv. ill. conservées.*

1er tirage. Bel ex. orné avec les 31 planches hors texte, *sur chine*, mais ne possédant qu'un frontispice au 2e vol.

399. — *Le même ouvrage; même édition*, 2 vol in 8, *fig.*, brochés, *couv. illustrées.*

1er tirage. — Bel ex. avec les 31 pl. hors texte, sur *chine*, mais ne possédant également qu'un frontispice au 2e vol.

On y a joint : *9 planches en double, sur vélin, épreuves coloriées.*

400. **Perles et Parures.** Les Parures. Fantaisies par Gavarni. Texte par Méry. Histoire de la mode par le Cte Foelix. *Paris, G. de Gonet, s. d.* (1850) ; 1 vol. in-8, *fig.*, cart toile bleue, dos et plats ornés fers spéc., or et couleurs, tr. dor. *(Cart. de l'éditeur).*

1er Tirage. — Ex. avec le front., et les 15 figures *coloriées et marges découpées en dentelle.*

401. **Petit** (Léonce). Les Mésaventures de M. Bêton. *Paris, Lacroix, Verboeckloven et Cie, s. d.; faux-titre, titre et 52 planches.* — Les Bonnes Gens de Province. Premier (—troisième) Album. *Paris, Journal Amusant, s. d.* ; 3 albums. — Histoires Campagnardes. *Paris, Journal Amusant, s. d.*, 2 albums. — Ens. 6 albums in-4 et in-fol. obl., le 1er cart. de l'édit, les 5 autres, brochés, *couv. ill.*

402. **Les Petits Français.** *Paris, Lib. pittoresque de la Jeunesse*, 1842 ; petit in-12, *fig.*, cart. toile bl., dos orné, dent. sur les plats, tr. dor.

Petit volume rare, renfermant 23 petites physiologies d'enfants. Texte par *Mmes Eug. Foa, Th. Midy, MM. A. Achard, Caboche Demerville, L. Couailhac, etc.* L'Illustration comprend 1 front., 23 figures hors texte et de nomb. vignettes dans le texte, par *Gavarni, H. Monnier, Daumier, C. Nanteuil*, etc.

Prospectus et petite affiche, ajoutés.

403. **Philipon** (**Ch**) **et L. Huart.** Parodie du Juif-Errant. 300 vignettes par Cham. *Bruxelles*, 1845 ; in 8, *fig.*, broché, *couv.*

Première édition.

404. **Philipon et Huart.** Parodie du Juif-Errant, complainte constitutionnelle en dix parties. 300 vignettes par Cham (de N...). *Paris*, *Aubert*, *s. d.* (1844) ; in-12, *fig.*, en livraisons. *sous couv. ill.*

Première édition française parue en dix livraisons.

405. — *Le même ouvrage. Paris*, *Aubert*, *s. d.* (1844) ; in-12, *fig.*, broché, *couv. ill.* (dos cassé ; mouillures).

Première édition française.

406. **Physiologies.** — Réunion de 100 physiologies diverses, parues principalement de 1840 à 1845, la plupart illustrées, et dont le plus grand nombre publiées dans le format in-32. Tous ces vol. sont brochés, couv. conservées, sauf 8 qui sont en conditions diverses.

Physiologies de l'Amant de cœur, 1842 — des Amoureux, 1841 — de l'Anglais à Paris, *s. d.* (1841) — de l'Argent, 1841 — des Bals de Paris et de ses environs. Bal Mabille et Nouveau Tivoli (Château-Rouge), 1845, in-12, 2 pl. lithog. — du Bas-Bleu, *s. d.* (1841) — du Boudoir et des Femmes de Paris, *s. d.* (1841) — du Bourgeois, *s. d.* (1841) — du Buveur, 1842 — des Cafés de Paris, 1841 — du Calembourg, 1841 — du Carnaval, du cancan et de la Cachucha, 1842 — du Célibataire et de la vieille fille, 1841 — du Chant, 1840 ; in-12, *port.* — du Chasseur (1841) — du Chicard, 1842 — du Cocu, 1841 — du Créancier et du débiteur (1842) — du Débardeur (1842) — du Député, 1841 — du Diable, 1842 — de la Diligence et des grandes routes (1842) — de l'Ecolier (1841) — de l'Electeur, 1842 — de l'Employé (1841) — de l'Etudiant, 1841 — des Etudiants, des Grisettes et des Bals publics, 1849 — de la Femme, 1842 — de la Femme honnête, 1841 — de la Femme la plus malheureuse du monde (1841) — de la Fille sans nom (1841) — du Flâneur, 1841 — du Floueur (1842) — des Foyers de tous les Théâtres de Paris, 1841 — du Fumeur (1840) — Hygiène du fumeur et du priseur, 1840 — du Gamin de Paris, 1842 — du Garde National, 1841 — de la Grisette (1841) — de l'Homme à bonnes fortunes (1841) — de l'Homme de loi (1841) — de l'Homme marié, 1841 — de l'Imprimeur (1842) — du Jardin des Plantes, 1841 — du

Jésuite, 1844 — du Jour de l'An (1842) — du Lion, 1842 — de la Lorette (1841) — du Maître de pension, 1842 — du Médecin (1841) — du Musicien (1841) — de l'Omnibus (1841) — du Palais et du Jardin du Luxembourg, 1842 — du Palais Royal, 1841 — de la Parisienne, 1841 — du Parterre, 1841 — Physiologie des Physiologies, 1841 — du Poëte, 1842 — de la Polka, 1844 — de la Portière, 1841 — du Prédestiné, 1841, 2 ex. dont 1 imprimé sur papier jonquille — de la Presse, 1841 — du Prêtre, 1841 — du Protecteur, 1841, 2 ex. (1re et 2e édit.) — du Provincial à Paris (1841) — des Rats d'Eglise, 1841 — du Rébus (1842) — du Rentier de Paris et de Province, 1841 — de Robert Macaire, 1842 — des Rues de Paris, 1842 — du Séducteur (1841) — du Soleil, 1842 — du Tailleur (1841) — du Théâtre, 1841 — du Théâtre à Paris et en Province, 1842 — de la Toilette, 1842 — du Troupier, 1841 — du Chau des Tuileries, 1842 — du Vin de Champagne, 1841 — du Viveur, 1842 — du Voyageur (1841) — du Journaliste de Province, 1841 — du Barbier Coiffeur Perruquier, *Bar-le-Duc*, 1843 — du Curé de campagne, 1841 — Physiologie et hygiène de la Barbe et de la Moustache, 1842 — du Billard, 1850 — du Billet doux, 1840, in-12 — du Commerce des Arts, 1841 du Goût (par Brillat Savarin), 1841, 2 vol. — id., 1848 — du Patineur, 1862, in-18 — du Tabac, 1842 — des Voyageurs du Commerce, 1860, in-18 — du Sommeil, 1860 — du Gant, 1843 — du Bal Publier à Suresnes, *s. d.* — Les 3 physiologies des Amoureux, du Protecteur et de la femme entretenu. *Bruxelles*, 1841 — de l'Homme marié. *Bruxelles*, 1841.

407. **Poë** (Edgar). La Mille et deuxième nuit, conte inédit d'Egar Poë, illustré par And. Gill. (*Coulommiers, typ. de A. Moussin*), *s. d.* (1869) ; in-4, *fig.*, cart ill.

Premier tirage.

408. **Quartier latin** (Ouvrages sur le), **les Bals, les Grisettes**, etc. — 35 vol. in-18 et in-32, *fig.*, brochés et cart., *couv.*

Les Indiscrétions de Lucifer, 1842. — Voyage autour de Pomaré, reine de Mabille, 1844. — Les Petits Mystères du Bal Mabille, 1844. — Les Oiseaux de nuit et les polkeuses des scènes publiques, 1845. — Mystères du Jardin Mabille, 2e édit. 1845. — La Semaine des Amours ou joies et douleurs de la Jeunessse, 1846. — Paris l'Eté. Le Jardin Mabille, par A. Vita, 1847. — La Closerie des Lilas, par Privat d'Anglemont, 1848. — Etudiants et lorettes. Almanach du Quartier latin, 2e année, 1848. — *Le même* 5e année 1851. — Rozier. Les Bals publics à Paris, 1855. — Les Déesses des Bals de Paris ou les Oiseaux du Paradis, 1856. — Les Grisettes de Paris, 1856. — Paris chez Musard, 1857. — Mémoires de Rigolboche, 3e édit., 1860. — *Les mêmes*. 6e édit. 1861. — A bas Rigolboche, 1860. — Markouski et ses Salons ; 1860. — Mémoires de l'Hippotame, 1860. — Mémoires de Léotard, 1860. — Les étudiants et les femmes du Quartier latin en 1860, 1860. — Le Nouveau Décaméron des jolies femmes, par Marc Constantin, 1860. — Les Souteneurs et les Amants de cœur. Etudes de mœurs, 1861. — L'Enfer des femmes. Etudes réalistes, 1861. — Paris qui danse. Bal des Folies-Robert, 1861. — A bas les calicots ! 1861. — Mr Jules Baizef de plume-patte ou les Etapes de la Gloire calicotière ; 1861 — Ces Dames du Casino, 1862. — Ces petites dames du Théâtre ; 1862. — Les Cocottes ! ! ! ! ! 1864 — Les Cocodès, par une cocotte, 1864. — Les Mémoires du Bal Mabille, 1864. — La Vérité sur le quartier latin, 1865. — Les Joyeuses dames de Paris, 1867. — The Bal Masqué ! Count Chicard. Ill. by Cham and Henning. *London, s. d.*

410. **Quatrelles**. A Coups de fusil. Ouvrage illustré de 30 dessins originaux hors texte par A. de Neuville. *Paris, G. Charpentier*, 1877 ; in-1, *fig.*, broché, *couv. imp.*

Première édition illustrée. — L'ex. contient les 2 planches qui furent *supprimées* et remplacées postérieurement par deux autres.

411. **Quillenbois**. Plaisirs et occupations de la vie de château. *Paris, chez Aubert, s. d.* — Aventures de Nestor Camard. *Paris H. Gache, s. d.* — Les Annonces Comiques, suivies des Vertus Domestiques, par Quillenbois, Randon et Damourette. *Paris, H. Gache, s. d.* — Ens. 3 albums in-**4**, cart. ill. de l'édit.

412. **Quillenbois**. Prophéties Charivariques. *Paris, chez Aubert.* — Plaisirs et occupations de la vie de château.

Paris, chez A. de Vresse, s. d. — Aventures de Nestor Camard. *Paris, H. Gache, s. d.* — Les Annonces Comiques, suivies des Vertus Domestiques, par Quillenbois, Randon et Damourette. *Paris, H. Gache, s. d.* — Ens. 4 albums in-4, cart. ill. de l'éditeur.

413. **Rabelais.** Œuvres de François Rabelais, contenant la Vie de Gargantua et celle de Pantagruel... précédées d'une notice hist. sur la vie et les ouvrages de Rabelais... par P.-L. Jacob, bibliophile. Nouv. édit., revue... par Louis Barré. Illustrations par G Doré *Paris, J. Bry aîné*, 1854; gr. in-8, *fig.*, demi-rel. mar. violet à long grain, dos orné, tr. jasp.

Premier tirage des illustrations de *G. Doré.*

414 **Randon** (G.). Histoire de M Verjus. *Paris, au bureau du Musée Français Anglais, s. d* — Messieurs nos fils et Mesdemoiselles nos filles. *Maison Martinet. Paris, s. d.* — Les Petites Misères. *Maison Martinet. Paris, s. d.* — La Sagesse des Nations. *Maison Martinet. Paris, s. d.* — Nos Troupiers (nouvelle série). *S. l., n. d.* — La Vie de Troupier, charges et fantasias, à pied, à cheval, etc *Paris, Maison Martinet, s. d.* — L'Ecole du Cavalier. *Paris, au bureau du Journal-Amusant.* — Ens. 7 albums in-4 et in-8, brochés, *couv.* et cartonnés.

Deux albums sont *coloriés.* — Un albun porte un envoi autographe de Randon à sa cousine Nadar. — Manque une planche à l' « *Histoire de M*[r] *Verjus* ».

415. **Randon.** Les Petites Misères. *Paris, Maison Martinet, s. d.* — Messieurs nos fils et Mesdemoiselles nos filles. *Paris, Maison Martinet, s. d.* — La Vie de Troupier, charges et fantasias, à pied, à cheval, etc. *Paris, Maison Martinet, s. d.* — Ensemble 3 albums in-4, brochés et cart. ill. de l'édit.

Envoi autographe de l'artiste à sa « chère cousine Nadar » à l'album de « *Messieurs nos fils, etc.* » — Manque la planche 7 à la « *Vie de Troupier* ».

416. **La Renaissance.** Chronique des Arts et de la Littérature, publiée par l'Association Nationale pour favoriser les Arts en Belgique. *Bruxelles*, 1839-1848, 10 tomes reliés en 5 vol. in-fol., *pl. et fig.*, demi-rel. chag. rouge.

Publication illustrée de vignettes sur bois dans le texte et de 242 planches hors texte lithographies *sur teinte et coloriées*, eaux-fortes, etc., la plupart sur *chine*; musique et fac-similé d'autographe, hors texte.

417. **Renan** (E.). Vie de Jésus. Avec une préface nouvelle. Édition illustrée de 60 dessins par Godefroy Durand. *Paris*, *M. Lévy*, *fl.*, 1870; gr. in-8, *fig* , broché, *couv. ill.*

Première édition illustrée. — Ex. sur **Papier de Hollande**

418. **Renouard** (Paul). La Danse. Vingt dessins de Paul Renouard, transposés en harmonie de couleurs. *Paris*, *Ch. Gillot*, 1892; in-fol., en feuilles, dans un cart. spécial.

419. **La République des Lettres**. Revue mensuelle. N° 1, 20 décembre 1875, au 3 juin 1877; 5 vol. gr. in-8, en 25 livraisons, brochés, *couv. imp.*

Collection complète. Cette revue contient des articles inédits de *Leconte de Lisle*, *G. Flaubert*, *L. Dierx*, *S. Mallarmé*, *J.-M. de Hérédia*. *A. France*, *Villiers de l'Isle-Adam*, *J.-K. Huysmans*, *F. Coppée*, *Sully-Prudhomme*, *A. Glatigny*, *P. Bourget*, *A. Daudet*, etc.— Illustrée de 10 planches hors texte par *J.-F. Forain*, *H. Somm*, *Falguière*, etc. — Dans cette Revue se trouve publiée la 2e partie de **l'Assommoir** *d'Emile Zola*; la 1re partie ayant paru dans "*le Bien Public*" qui en avait interrompu la publication, mais en avait fait un tirage à part. Ce *tirage à part* est ajouté à cette collection, relié en 1 vol. in-8, ce qui constitue la véritable édition originale de *l'Assommoir*. On y trouve de nombreuses variantes avec la 1e édition Charpentier..

420. **Révolution de 1830.** — 8 vol. in-18 et in-8, brochés, reliés et cart., *couv. conservées*

Ménagerie Royale. A Collection of 24 caricatures. *London, Ch. Tilt*, 1831. — Révolution de 1830 en estampes, ornée de 8 grav. au trait et d'un texte explicatif. *Paris, Audin*, 1831. — Souvenir glorieux d'un parisien. Précis hist. des journées des 26, 27. 28, 29. 30 et 31 juill 1830, par P.-G. Prosper L*** Nouv. édit. *Paris*, 1830 ; *2 pl. lithog.* — La démagogie en voyage, poème en un seul chant, orné d'une lithographie. *Paris*, 1830 ; *lithog. coloriée.* — Journées des 27, 28 et 29 Juillet. Liste des morts, des blessés, des veuves et des orphelins. *Paris*, 1830. — Histoire scandaleuse, politique, anecdotique et bigote, de Charles X. 5e édit., suivie de la Biographie des ex-ministres. *Paris*, 1831 ; *lith. de Delaruc.* — Histoire impartiale et véridique de Charles X, surnommé le Robin des Bois. *Paris*, 1830 ; *fig.* — Révolution française, ou journées sanglantes des 27, 28 et 29 juillet 1830 ; par M. C. Gardeton. *Paris*, 1830 : *fig.* ;

421. **La Revue Comique** à l'usage des gens sérieux. Histoire morale, philosophique; politique, critique, littéraire et artistique de la semaine. Texte par MM, A. Lireux, C. Caraguel, P. Vertot, E. de La Bédollière. Gérard de Nerval, etc. Dessins de MM. Bertall, Nadard, Fabritzius, Otto, Lorentz, Béguin, Quillembois, etc. Novembre 1848-Avril 1849. *Paris, Dumineray* (1848-1849), in-4, *fig.*, cart. bradel, dos et coins percaline rouge; *non rogné, couv. ill. conservée.*

422. **La Revue des Peintres.** Publication mensuelle. *Paris, Aubert*, 1834-1838 ; in-4, en feuilles, sous *couv. de livraisons.*

Collection comprenant 52 livraisons, de chacune 5 planches, soit ensemble 259 planches (la dernière livraison ne renfermant que 4 pl.) par *Daumier*, *C. Nanteuil*, *Gavarni*, *Devéria*, *Roqueplan*, *Le Poitevin*, *Marilhat*, *Traviès*, *Charlet*, etc.

Bel ex. en feuilles, avec ses couvertures de livraisons conservées (sauf celles des livraisons 27 à 29; 32, 35, 37, 38, 40, 42, 44, 47, 49 et 52). — 94 planches sont *en doubles sur chine*, et 8 en double également, *coloriées*. De plus, il existe 2 planches différentes de la pl. 106. — Soit en tout 362 planches.

423. — *Le même ouvrage. Paris Aubert*, 1834-1838; 2 vol. in-4, demi-rel. chag. violet avec coins, *non rognés.*

Exemplaire contenant 51 livraisons (de 1 à 51), renfermant 255 planches, accompagnées d'un texte qui commence à la 27e livraison.

L'ex. renferme 5 en doubles. — On a relié à la fin du 1er vol. 41 planches extraites de l'*Artiste*, par *Gavarni, Raffet, Roqueplan, Gigoux, Devéria, Boulanger, L. Noël, Bida*, etc.

424. **Revue fantaisiste.** *Paris, 15 fév. au 15 nov.* 1861, 4 vol. in-8, *12 eaux-fortes par R. Bresdin ;* en 19 livraisons, brochées, *couv. imp.*

Collection complète. — Ex. en livraisons. Le tome Ier comprend 6 livraisons, du 15 fév. au 1er mai 1861 ; Le tome II, 6 livraisons, du 15 mai au 1er août 1861; le tome III. 6 livraisons, du 15 août au 1er novembre 1861 ; le tome IV ne comprend qu'une livraison (15 nov. 1861).

La Revue fantaisiste avait pour directeur, M. *Cat. Mendès,* avec la collaboration de *J. Noriac, J. Claretie, A. Vacquerie, Ch. Monselet, Villiers de l'Isle Adam, Champfleury, A. Daudet, Th. de Banville, A. Glatigny, Th. Gautier, Ch. Baudelaire*, etc.

425. **Reybaud** (L.). Jérôme Paturot à la recherche d'une position sociale. Edition illustrée par J.-J. Grandville. *Paris, Dubochet*, 1846 ; gr. in-8, *fig.*, demi rel. mar. lavall. avec coins, dos orné en long., tête dor., *non rogné, couv. ill. conservée.*

1er tirage. — Illustré de 32 planches hors texte et de nombreuses vignettes à même le texte.

On y a joint *10 épreuves sur chine* des planches hors texte.

426. — *Le même ouvrage. Paris, Dubochet*, 1846; gr. in-8, *fig.*, demi-rel. v. bl., dos orné, non rogné.

1er tirage. — Ex. avec les planches hors texte *coloriées*,

427. **Reybaud** (L.). Jérome Paturot à la recherche de la meilleure des Républiques. Édition illustrée par T. Johannot. *Paris, M. Lévy, ff.*, 1849 ; gr. in-8, *fig.*, cart. toile bl., orné fers spéc , tr. dor. *(Cart. de l'Edit.)*.

1er tirage. — Illustré d'environ 200 figures dont 30 tirées hors texte.

428. **Robert-Macaire** et son ami Bertrand, contenant les vicissitudes de la vie de ces deux inséparables dans toutes les conditions où ils ont été placés par le sort, les nécessités sociales et leurs inclinations particulières, etc. *Paris, chez les Marchands de Nouveautés*, 1839, in-18, *fig.*, broché, *couv. ill.*

Edition originale, ornée de vignettes de *Daumier* dans le texte, gravées sur bois.

On y a joint : **Robert Macaire**. *S. l., n. d.* in-18, cart. *Suite de 60 planches, d'après Daumier, tirées sur papier de différentes couleurs, et accompagné chacune d'un ff. de texte.*

429. **Robida** (A.). Le XIXe siècle. Texte et dessins par A. Robida. — Le vingtième siècle. La Vie électrique. Texte et dessins par A. Robida. — *Paris, Decaux*, 1888 (et 1893) ; 2 vol. gr. in-8, *fig.*, *brochés, couv. ill.*

Editions originales. — Le 2e vol. est orné d'une **importante aquarelle originale de A. Robida** sur le faux titre. — Dos du volume factice.

430. **Robida** (A.). Paris de siècle en siècle. Texte, dessins et lithographies par A. Robida.— Le Cœur de Paris. Splendeurs et souvenirs. Texte, dessins et lithographies par A. Robida. — *Paris, Lib. illustrée, s. d.*; 2 vol. gr. in-8, *fig.*, demi-rel. mar. rouge avec coins, dos ornés, têtes dor., *non rognés, couv. ill. conservées*.

Premier tirage. — Beaux ex. ornés de **2 aquarelles originales de Robida**, dont 1 à pleine page.

431. **Robida** (A.). La Vieille France. Texte, dessins et lithographies par A. Robida. Normandie. *Paris, Lib. illustrée, s. d.* (1890) ; gr in-8, *fig.*, demi rel. chag. rouge, dos orné, tr. jasp.

Edition originale.

432. **Robida** (A.). Mesdames nos Aïeules, dix siècles d'élégances. Texte et dessins par A. Robida. *Paris, Lib. illustrée, s. d.*; in 12, *fig.*, demi-rel. bradel dos et coins mar. rouge, *non rogné, couv. conservée (Carayon).*

Un des **50 ex. sur grand papier vélin** (ex. n° 46), orné d'une **aquarelle originale de Robida** sur le faux titre. Ex-Libris L. Conquet. — Affiche illustrée jointe.

433. **Robida** (A.). Le Voyage de M. Dumollet. Texte et dessins par A. Robida *Paris, Decaux, s. d.* (1883) ; gr. in-8, *fig.*, broché, *couv. ill.*

Edition originale.

434. — *Le même ouvrage* ; *Paris, Decaux* (1883) ; gr. in-8, *fig.*, cart. toile, orné fers spéc., tr. rouges *(Cart. de l'édit.).*

Edition originale.

435. **Robida** (A.). Le Roi des Jongleurs. Illustrations par l'auteur. — **Giffard** (P.). La Fin du cheval. Illustrations par A. Robida. — *Paris, A. Colin et Cie*, 1898-1899 ; 2 vol. gr. in-8, *fig.*, le 1er, broché, *couv. ill.* ; le 2e cart. toile grise, ornés fers spéc. gaufré, tr. dor. (*Cart. de l'Edit.*).

Premiers tirages.

436. **Robida**. Le Voyage de M. Dumollet. Texte et dessins par A. Robida. *Paris, G. Decaux, s. d.* (1883). — Le Cas du Vidame, par l'Académicien d'Estampes. Illustré par A. Robida, *Paris, Lib. illustrée, s. d.* (1889). — Explication, par Jules Claretie. Illustrée par A. Robida. *Paris, Lib. illustrée*, 1894. — Ens.

3 vol. gr. in-8, *fig. en noir et coloriées*, le 1er en demi-rel. chag. bl., *non rogné* ; les 2 autres, brochés, *couv. ill.*

437. **Rochefort** (Henri). Napoléon dernier. Les « Lanternes de l'Empire ». Illustrations par André Gill et Frid'Rick. *Paris, Lib. anticléricale.*

Edition définitive et illustrée de la collection de 75 lanternes publiées sous l'Empire. — Dessins de *A. Gill, Frid Rick, H. Demare*, etc.

Ex. auquel on a joint, *les tirages à part* des illustrations de *A. Gill*, et **19 dessins originaux de A. Gill et H. Demare.**

437 *bis*. **Roqueplan.** Album de douze sujets, composés et dessinés sur pierre par Roqueplan, 1831. *Paris, Ch. Motte*, 1831 ; in-fol., cart., *couv. ill. conservée.*

Suite complète de 1 couverture illustrée, 1 frontispice (*tirage à part* du sujet de la couverture) et de 12 lithographies sur *chine monté* ; à toutes marges.

438. **Roubaud** (Benjamin). Panthéon charivarique. *Paris, Aubert, s. d.* ; in-4, demi-rel. chag. bl., dos orné.

Collection complète 100 portraits-charges lithographiés par *Benjamin Roubaud.*

439. **Les Rues de Paris.** Paris anc. et moderne. Origines, histoire, monument, mœurs chroniques et traditions. Ouvrage rédigé par l'élite de la littérature contemporaine sous la direction de L. Lurine et illustré de 300 dessins exécutés par les artistes les plus distingués. *Paris, Kugelmann*, 1844 ; 2 vol. in-8, *fig.*, demi rel. veau vert, tr. jasp.

Premier tirage. — Orné de 2 front., 40 planches et 1 portraits hors texte et figures dans le texte.

Taches de rousseurs. — Manque les 2 ff. du placement des gravures.

440. **Saillet** (Alex, de). — Réunion de 4 vol.

Les Enfants peints par eux-mêmes. (Les Garçons). — Les Enfants peints par eux-mêmes; types, caractères et portraits de Jeunes Fille. — *Paris, Desesserts*, 1841-1842, 2 vol. in 8, pl. et fig., cart. ill. de l'édit.

Les Écoles Royales de France ou l'Avenir de la Jeunesse. Dessins de MM. Ch. de Saillet, Bouchot, Lemercier, Marckl, etc. *Paris, Lehuby, s. d.* In-8, *pl. et fig.*, cart. toile bleue, orné fers spéc. *(Cart. de l'Édit.).*

Les Jeunes Français de toutes les époques. Illustrés de dessins de MM. J. David, Mouilleron, Champagne et Janet-Lange. *Paris, Lehuby, s. d.*, gr. in-8, cart. toile bleu foncé, dos et plats ornés fers spéc. or et couleurs, tr. dor. *(Cart. de l'Édit.).*

On y a joint 2 cartonnages différents pour les deux premiers ouvrages.

441. **Saint-Maurice** (de). Gilbert. Chronique de l'Hôtel-Dieu (1780). *Paris, Dénain*, 1832; 2 vol. in-8, *vign.*, brochés, *couv. ill.*

Edition originale, ornée de deux vignettes sur les titres par *H. Monnier*, gravées sur bois, et reproduites sur les couvertures.

442. **St-Pierre** (J.-H. Bernardin de). Paul et Virginie (suivi de la Chaumière Indienne). *Paris, L. Curmer, 25, rue Sainte-Anne*, 1838, gr. in-8, *fig.*, mar. violet foncé, dos et plats ornés fers spéc. or et à froid, dent. int., tr. dor. *(Rel. de l'époque).*

1er tirage. — Illustré de 37 planches hors texte, dont 29 bois sur *chine monté, avant la lettre*, 7 figures sur acier et 1 carte gravée et *coloriée, sur chine monté*, et d'environ 450 vignettes semées dans le texte. — Petite déchirure dans le fond d'un feuillet.

443. **St-Pierre** (B. de). Paul et Virginie, suivi de la Chaumière Indienne. Edition miniature. *Paris, Masson,*

1839; in-12, *fig.*, demi-rel. chag. brun, dos orné, tr. dor. *(Rel. de l'époque).*

1er tirage. Illustré de 1 portrait, un frontispice *colorié et rehaussé d'or*, et 12 planches hors texte, *sur chine*; vignettes à même le texte. Texte entouré d'un encadrement sur bois. Piqûres de rousseur.

444. **Salons.** — Réunion de 21 vol. et albums in-12, in-8 et in-4, brochés (1 relié).

Salon de 1827. Esquisses, croquis, pochades, ou tout ce qu'on voudra, par A. Jal. Avec des dessins lithographiés 1828, *planches (2 ex. dont 1 relié).* — Voyage au Pays des Peintres. Salon de 1875 (1876 et 1877) par Mario Proth. 3 vol., *pl.* — Salon de 1852, par A. Grün. — Un Chercheur au Salon, par Paul Pierre, 1868. — Le Salon caricatural, 1846. — Promenade charivarique au salon de 1845 (et 1848) — Nadar Jury au Salon de 1853 (et 1857). — Les Cosaques. Invasion au salon de 1854. — Cham au Salon de 1861. — Le Salon pour rire par Gill., 1864, etc.

445. **Sand** (Maurice). Masques et Bouffons (Comédie Italienne). Texte et dessins par Mce Sand, gravures par A. Manceau. Préface par G. Sand. *Paris, A. Lévy fils*, 1862; 2 vol. gr. in 8, *fig.*, demi-rel. chag. bleu, tr. jasp.

Ornés de 50 planches hors texte gravées et *coloriées*; titres imprimés en rouge.

446. **Sarcey** (F.). Le Siège de Paris. Impressions et Souvenirs. *Paris, Lachaud*, 1871; in-8, *fig.*, broché, *couv. ill.* (Dos cassé).

Première édition, ornée de 15 figures par *Bertall.*

Ex. avec les figures *coloriées* et orné de **11 aquarelles originales par H. de Sta.** — La Couverture porte : 30e édition.

447. **Savigny** (A. de). Historiettes et Images. Texte par M. A. de Savigny; illustrés par plus de 700 dessins, gravés d'après MM. Grandville, Daumier, Johannot, E. Forest, Wattier et autres. *Paris, Aubert, s. d.* (1840); in-4, *fig.*, demi-rel. chag. brun, tr. jasp.

Premier tirage.

448 — *Le même ouvrage. Paris, Aubert* (1840) ; in-4, *fig.*, cart. ill. de l'édit.

Premier tirage.

449. **Schmid**. Contes du Chanoine Schmid. Traduction de A. Cerfberr de Medelsheim. Illustrations par Gavarni. *Paris, A. Royer*, 1843 ; 2 vol. gr. in 8, *fig.*, cart. toile brune, dos et plats ornés fers spéc., tr. dor. (*Cart. de l'édit.*).

1er tirage. — Vignettes dans le texte et 23 lithographies *sur teinte* hors texte, dont un front. gravé, sur *chine monté*; et 2 ff. de musique.

450. **Schmit** (J.-P.). Les Deux Miroirs, Contes pour tous. Illustrations, MM. Gavarni, C. Nanteuil, Français, de Beaumont, etc. *Paris, A. Royer*, 1844. in-8 ; *fig* , broché, *couv. ill.*

Premier tirage. — 38 Figures *coloriées* et 1 front. gravé, hors texte, et nombreuses vignettes dans le texte.

On y a joint les fumés des illustrations des livraisons 11, 12, 13, 14, 15, à 36 et 37 à 50. soit 58 pièces.

451. — *Le même ouvrage* ; *même édition*. In-8, *fig.*, cart. bradel, dos et coins percal. verte, *non rogné, couv. conservée (Knecht)*.

Premier tirage.

452. **Second** (A.). Les Petits Mystères de l'Opéra. Illustrations par Gavarni. *Paris, Kugelmann* 1844 ; in-8, *fig.*, broché, *couv. ill.*

Premier tirage des illustrations de *Gavarni*. — Couverture fatiguée ; piqûres de rousseurs.

453. **Roussel** (A.). Les Miettes d'Esope. Fables. Dessins de Gavarni. *Paris, Furne*, (1866) ; in-8, *fig.* demi-rel, mar. bleu avec coins, tête dor., *non rogné, couv. conservée (Champs)*.

Premier tirage. — Illustré de 9 planches hors texte par *Gavarni*.

454. — *Le même ouvrage Paris, Furne*, (1866), in-8, *fig*. broché, *couv. imp.* (dos factice).

Premier tirage.

455. **Soulié** (Fréd.). La Lanterne magique. Histoire de Napoléon, racontée par deux soldats. Ornée de 50 vignettes, avec des annotations par E. de La Bédollièrre (sic). *Paris, Henriot*, 1838 ; in-8, *fig*,, demi-rel. chag. vert avec coins, tête dor., *non rogné, couv. ill. conservée.*

Edition originale, ornée de vignettes par *Charles Jacque.*

456. **Souvestre** (E.). Le Monde tel qu'il sera. Illustré par MM. Bertall, O. Penguilly et St-Germain. *Paris, W. Coquebert, s. d.* (1846) ; in-8, *fig.*, cart. toile bleue, dos et plats ornés fers spéc., tr. dor. *(Cart. de l'éditeur).*

1er tirage. — Illustré de 10 planches hors texte et de 80 vignettes à même le texte.
Prospectus joint.

457. — *Le même ouvrage. Paris, W. Coquebert*, (1846) ; in-8, *fig.*, demi-rel. mar. citron avec coins, dos orné, tête dor.

Premier tirage.

458. **Les Spectacles instructifs**, ou les Serins hollandais, les moineaux francs du Palais-Rsyal, etc., par Mme B*** née de V*** ; orné de 8 gravures d'après de nouveaux dessins de J. D. Dugourc, *Paris, Neveu*, 1817 ; in-18, *fig.*, broché, *non rogné.*

Petit volume, rare, orné de 8 gravures hors texte *coloriées.*

459. **Sta** (H. de). Plaquettes humoristiques. *Paris, Vanier*, 1882-1885, 6 plaquettes in-8, brochés, *couv. ill.*

Le Petit Faust, chœur des soldats, 1882. — La Chanson du Colonel, 1882. — L'Autruche, 1882. — Nos Militaires, 1882. — Le Général Fricassier, 1882. — La Vie à cheval, 1885.

Exemplaires sur **papier de chine**. — La Chanson du Colonel est sur *papier bleu.*

460. **Sta** (H. de). Plaquettes humoristes. *Paris*, *Vanier*, 1882-1885, 10 plaquettes in 8, brochés, *couv. ill.*

Le Petit Faust. Chœur des Soldats. *Paris*, *Sausset*, *s. d.* La Chanson du Colonel, tirée de la Femme à papa ; 1882. — L'Autruche ; par Y. Rambaud et H. de Sta, 1882. — Nos Militaires. Légendes de L. Vanier, 1882. — Le Général Fricassier, par Nadar et de Sta, 1882. — Un Tour au Bois. Par Vanier et H. de Sta, 1883. — Une Journée de Garnison, 1883 — Comic salon, 1882 et 1883, *2 plaq.* — La Vie à cheval. Texte par L. Vanier, 1885.

461. **Stop**. Bêtes et Gens. Fables et contes humoristiques à la plume et au crayon. *Paris, Plon*, 1877-1880, 2 vol. in-8, *fig.*, brochés, *couv. ill.*

Premiers tirages des 2 volumes. — — *Stop* est le pseudonyme de *M. L. Morel-Retz*.

462. **Sue** (Eug.). Plik et Plok. *Paris*, *Renduel*, 1831 ; in-8, broché, *couv. ill. par H. Monnier*. (*Edition originale. Manque le titre ; forte mouillure ; couverture fatiguée*). — **Atar-Gull**. *Paris*, *Vimont*, 1831, in-8, *4 fig. hors texte par H. Monnier*, broché, *couv. ill.* (*La couverture porte* : *Seconde édition*, *le titre de la 2e édition a été remplacée par celui de la 1re*, *mais se se trouve plus court*). — **La Salamandre**. Roman maritime. Seconde édition. *Paris*, *Renduel*, 1832, 2 vol. in-8, *2 vig. par T. Johannot*, cart. bradel, dos percal. rouge, *compl. non rognés*. — **La Coucaratcha**. *Paris*, *U. Canel*, 1832-1834, 4 vol. in-8, *2 vig. par H. Monnier et T. Johannot ;* brochés, *non rognés*. (*Les tomes I et II sont en éditions originales et possèdent leurs couvertures ; les tomes III et IV sont en seconde édition, et en feuilles. -- La vignette du tome Ier a été remontée*). — Ens. 8 vol.

463. **Sue** (Eug.). Latréaumont. *Paris*, *Gosselin*, 1838, 2 vol. in-8, *fig.*, cart. bradel, dos percal. rouge, *non rognés*.

Edition originale, ornée de 2 vignettes de *Marckl*, *sur chine volant*, et 2 planches repliées contenant 3 fac-similés du Ch[r] Louis de Rohan et de Latréaumont.

Bel ex.

464. **Sue** (Eug.). Le Juif Errant. Edition illustrée par Gavarni. *Paris*, *Paulin*, 1845 ; 4 vol. gr. in-8, *fig.*, cart. ill. de l'édit.

Premier tirage. Illustré de 84 planches hors texte et de 600 grav. sur bois environ à même le texte.

465. **Sue** (Eug). Le Juif Errant. Edition illustrée par M. Louis Huard, et par MM. E. Verboeckhoven, Lauters, Hendrichx, Van Marcke, Van der Hecht. *Bruxelles*, *Méline*, 1846 ; 3 vol. in-8, *fig.*, cart. toile bl. de l'édit.

Premier tirage. — Edition enrichie de nombreuses figures sur bois dans le texte et 72 planches tirées hors texte.

466. **Sue** (E.). Mathilde. Mémoires d'une jeune femme. Nouv. édition, revue par l'auteur. *Paris*, *Gosselin*, 1844-45, 2 vol. gr. in-8, *fig.*, demi-rel. chag. vert, tr. jasp.

1er tirage. — Illustré de 68 planches hors texte, dont un frontispice, et de nombreuses vignettes à même le texte. (*Quelques rousseurs*).

Couverture de livraison et prospectus, joints.

467. **Sue** (E.) Les Mystères de Paris. Nouv. édition, revue par l'auteur. *Paris*, *Ch Gosselin*, 1843-1844 ; 4 vol. gr. in-8, *fig.*, demi-rel. veau bleu, tr. jasp.

Premier tirage. — Illustré de 81 planches hors texte, dont 34 en taille-douce, et nombr. vignettes à même le texte d'après *C. Nanteuil*, *Traviès*, *Daumier*, *Daubigny*, *E. de Beaumont*, etc. (Quelques taches de rousseurs. Manque la table au tome I).

468. **Swift.** Voyages de Gulliver dans les contrées lointaines. Edition illustrée par Grandville. Traduction

nouvelle. *Paris, Fournier*, 1838 ; 2 vol. in-8, *fig.* demi-rel., mar. rouge, dos ornés, têtes dor., tr. jasp.

Premier tirage. — Illustré d'un frontispice sur *chine volant*, hors texte ; et de 450 vignettes à même le texte.

469. **Swift.** Voyages de Gulliver dans des contrées lointaines. Trad. nouv., illustrée par Grandville. *Paris, Garnier ff.*, 1852, in-8 ; *fig.*, cart. toile bl., dos et plats ornés fers spéc. or et couleurs, tr. dor. *(Cart. de l'édit.)*.

Edition ornée d'un front. hors texte et nombreuses vignettes dans le texte. — Tache de gras dans le fond de la marge du bas.

470. — *Le même ouvrage. Paris, Garnier ff.*, 1863 ; in-8, *fig.*, demi-rel. chag. rouge, plats toile, tr. dor. *(Rel. de l'édit.)*.

Edition ornée d'un frontispice hors texte et de nombreuses vignettes sur bois dans le texte.

471 **Swift.** Voyages de Gulliver. Trad. de l'abbé Desfontaine, revue, corrigée et précédée d'une introd. par M. J. Janin. Illustrations de Gavarni. *Paris, Morizot*, 1862 ; gr. in-8, *fig.*, demi. rel. chag. lavall., plats toile, tr. dor. (*Rel. de l'édit.*).

Premier tirage. — Orné de 16 planches sur acier, hors texte d'après *Gavarni.*

472. **Tabac.** (Ouvrages sur le). Réunion de 7 volumes.

La Physiologie du Fumeur par (Th. Burette) illustrée par (Lorentz), publiée par (Bourdin). Bruxelles (1840) ; in-18, *fig.*, broché, *couv. ill.* — Hygiène du fumeur et du priseur, pour faire suite et pendant à la Physiologie. *Paris*, Desloges (1840), in-18, *fig.*, demi-rel. mar. vert à long grain, tête dor., *non rogné, couv. ill. conservée* (*Champs*). — L'Art de fumer ou la Pipe et le Cigare. Poème en 3 chants, suivi de notes, par Barthélemy. *Paris*, 1844, in-12, *front. et 4 fig.*, broché, *couv. ill.* — Le Tabac vengé. Physiologie du Tabac, de la Pipe, du Cigare, de la Cigarette et de la Tabatière. Seul ouvrage complet. *Paris*, 1845, in-12, *fig.*, broché. *couv. imp.* — Manuel hist. et anecdotique du Fumeur et du Priseur. *Paris, Delarue, s. d.*, in-18, *front.*, broché, *couv. ill.* — L'art de fumer. Poème ; par A.-H. P***. *Paris*, 1823, in-8, *lith. par Pigal*, broché, *couv. imp.* — La Prise de tabac, son origine et ses effets. *Paris*, 1882, in-8, broché, *couv. ill.*

473. **Taxil** (Léo). La Prostitution contemporaine. Etude d'une question sociale. *Paris, Lib. populaire, s. d.* ; in-8, *fig.*, broché, *couv. imp.*

474. **Texier** (Edm.). Tableau de Paris Ouvrage illustré de 1.500 gravures d'après les dessins de Blanchard, Cham, Champin, Forest, Français. Gavarni, J.-J. Grandville, Lami, Valentin, etc., etc. *Paris, Paulin et Le Chevalier*, 1852-1853, 2 vol. gr. in-4, *fig.*, brochés, *couv. ill.*

475. — *Le même ouvrage* ; *Paris, Paulin et Le Chevalier*, 1852-1853, 2 tomes en 1 vol gr. in-4, *fig.*, cart. toile noir, dos et plats ornés fers spéc., tr. dor. (*Cart. de l'édit.*).

476. **Topffer** (R.). — Trois albums in-8 obl., brochés, *couv. ill.* et 1 cart., dos toile.

Histoire d'Albert, par Simon de Nantua. *Paris, imp. Caillet*, 1860 ; *titre et 41 planches.*

M. Crépin. *Paris, Aubert, s. d.* ; *couverture, préface et 86 planches.*

Histoire de M. Jabot. *Paris, Aubert, s, d.* ; *couverture, titre, préface et 43 planches* (manque les pl. 21, 22 et 41 ; les pl. 23 et 24 sont en double).

477. **Toudouze** (G.). Le Pompon vert. *Paris, Victor-Havard*, 1887, in-12, broché, *couv. imp.*

Edition originale. — Ex. sur *papier de hollande*, orné de **16 aquarelles originales par H. de Sta** ; la plupart à pleine page.

478. **Uzanne** (O.). Bouquinistes et bouquineurs. Physiologie des Quais de Paris du Pont Royal au Pont Sully. Illustrations d'Emile Mas. Eau forte frontispice de Manesse. *Paris, May et Motteroz*, 1893, in-8, *fig.*, broché *couv. ill.*

Edition originale, tirée à 1.500 ex. sur *papier vélin*. (Ex. n° 955).

479. **Uzanne** (O.) **et A. Robida**. Contes pour les Bibliophiles. Nombreuses illustrations dans le texte et hors texte. *Paris, anc. Maison Quantin*, 1895; gr. in-8, *fig.*, broché, *couv. ill.*

Tiré à 1.000 ex. sur *papier vélin* (ex. n° 943).

480. **Les Variétés**. Nouveau Recueil de Croquis par divers artistes *Paris, Aumont ; London Ch. Till*, *s. d.*; in-4, cart. bradel dos percal. bleue, non rogné, *couv. illustrées conservées.*

Recueil composé de 6 livraisons contenant chacune 6 lithographies, soit ensemble 36 lithographies par *A. Devéria, V. Adam, Léon Noël, E. Le Poitevin, Julien, Finart*, etc.
Bel exemplaire.

481. **Varin.** (A.). L'Empire des légumes. Mémoires de Cucurbitus 1er recueillis et mis en ordre par MM. Eug. Nus et Ant. Méray. Dessins par Amédée Varin. *Paris, G. de Gonet, s. d.* (1851); gr. in-8, *fig.*, cart. velin bl., dos orné, fil., tr. dor.

Premier tirage. — Ouvrage orné d'un front. et de 24 planches sur acier (sauf 1 gravée sur bois), *coloriés.*

482. **Varin** (Amédée). Les Papillons. Métamorphoses terrestres des peuples de l'air. Texte par Eug. Nus et Ant. Méray. *Paris, G. de Gonet, s. d.* (1852); 2 vol. gr. in-8, *fig.*, brochés, *couv. ill.*

Premier tirage. — Orné de 35 planches hors-texte sur bois et sur acier, *coloriées*, dont 1 port. de Cazotte qui ne figure pas à la table des gravures; vignettes dans le texte.

On y a joint **8 dessins originaux** des illustrations de l'ouvrage rehaussés à l'aquarelle, d'une grande finesse d'exécution.

483. — *Le même ouvrage. Paris, G. de Gonet, s. d.* (1852); 2 vol. gr. in-8, *fig.*, cart. toile bleue, dos et plats ornés fers spéc. or et en coul., tr. dor. (*Cart de l'éditeur.*

Premier tirage. — Bel exemplaire.

484. **Vernet (H.) et Eug. Lami** Collection des Uniformes des Amées françaises, de 1791 à 1814, dessinées par H. Vernet et Eug. Lami. *Paris, Gide fils,* 1822. — Collection raisonnée des Uniformes Français, de 1814 à 1824. 2e partie de la Collection générale. *Paris, Anselin et Pochard*, 1825. — Ens. 2 vol. in-4, cart. dos vélin blanc, dos ornés, têtes rouges, *non rognés.*

Collection complète de 100 planches lithographiées pour la 1re et de 48 pour la seconde. — Bel ex. monté sur onglets, avec titres, texte et tables. *Figures coloriées.*

485. **La Vie Elégante**. Littérature, Voyages, Beaux-Arts, Modes, Sport. *Paris, Lib. illustrée*, 1882-1883, 2 vol. gr. in-8, *front. de F. Rops et fig.*, brochés, *couv. ill.*

Ex. sur **papier de hollande,** avec les figures hors-texte en *double état.*

486. **Vigny** (A. de). Chatterton. Drame. 2e édition. *Paris, Souverain*, 1835 ; in-8, *front.*, cart. bradel, dos vélin bl., tête dor., *non rogné, couv. conservée.*

Première édition, mais avec couverture et titre renouvelés. Ornée d'un port. à l'eau-forte par *Ed. May.*

487. **Villemessant** (H. de). Mémoires d'un Journaliste. *Paris, Dentu*, 1872-1878 ; 6 vol. in-12, brochés, *couv. imp.*

Editions originales, sauf le tome 1er. qui porte : *Nouvelle édition*, et est datée de 1884.

488. **Vincent** (Ch.) **et Ed. Plouvier**. Les Refrains du Dimanche. 50 chansons. 12 gravures par G. Doré.

Paris, Coulon Pineau, s. d. (1856) ; in-12, *fig.*, broché, *couv. imp.*

Edition originale, ornée de 13 figures hors texte de *G. Doré*, gravées sur bois.
Mouillure.

489. **Vossion** (Louis). Trois Femmes pour un Epoux. Conte Birman. Illustrations et encadrements en couleurs de A. Robida. *Paris, A. Maroni*, 1910 ; gr. in 8, *fig. en coul.*, broché, *couv. ill.*

Tiré à 100 ex. sur *papier vélin de Cuve*. (n° 70).

490. **Vuillier** (Gaston). La Danse. *Paris, Hachette et Cie*, 1898 ; gr. in-8. *fig. et planches*, demi-rel. chag. rouge avec coins, tête dor., *non rogné*.

491. **Willette** (Ad.). Pauvre Pierrot. *Paris, Magnier et Cie, s. d.* ; in 4, *40 planches*, cart. percal. bleue, orné fers spéc., *non rogné*.

492. — *Le même ouvrage. Paris, Vanier, s. d.* ; in-4 *41 planches*, en feuilles, dans un cart. spéc.

493. **Willette** (A.). — Réunions de 8 vol. et plaquettes illustrés par Ad. Willette. In-12 et in 8. brochés, *couv. ill.*

Masson (A.). Par devant notaire. *Paris*, Vanier. 1886. — **Mélandri**. Les Petits Pierrots. *Paris, Vanier, s. d.* — **Mélandri**. Giboulées d'Avril. *Paris, Vanier, s. d.* (*3 exemplaires : sur papier ordinaire ; sur papier à chandelle, et sur papier rose*). — **Mélandri et A. Willette**. Les Sœurs Hédouin. *Paris, Dentu*, 1892. — **Vitta** (E.). Farandoles de Pierrots. *Paris, Vanier, s. d.*

494. **Wright** (Thomas). Histoire de la Caricature et du Grotesque dans la littérature et dans l'art. Trad. d'Oct. Sachot. 2e édition illustrée de 238 gravures dans le texte. Notice par A. Pichot. *Paris, Delahoys*, 1875 ; ie-8, *fig.*, cart. toile de l'édit., *non rogné*.

495. **Xanrof** et **Bac**. Interviews fantaisistes. Tout le Théâtre. *Paris, E. Flammarion, s. d.* — **Claretie** (**L.**) et **Vimar** (A.). L'Oie du Capitole. *Paris, L. H. May, s. d.* — **Gyp**. Une élection à Tigre-sur-Mer, racontée par Bob. *Edition du Figaro, s. d.* — Ens. 3 albums in-4, cart. de l'éditeur.

Premiers tirages.

496. **Zola**. (E.). L'Assommoir. *Paris, Marpon et Flammarion, s. d.*, (1878), gr. in-8, *fig.*, demi-rel. mar. grenat avec coins, dos orné, tête dor., *non rogné, couv. ill. conservée. (Allô).*

Première édition illustrée.

Un des 130 ex. sur **papier de Hollande**, avec *double suite des gravures sur chine* (Ex. nº 118). — On y a joint 3 portraits de Zola par *Burney et Desboutins.*

497. — *Le même ouvrage ; même édition.* Gr. in-8, *fig.*, broché, *couv. ill.* (dos cassé).

Un des 130 ex. sur **papier de Hollande**, *avec double suite des gravures sur chine.*

498. **Zola** (E.). La Débacle. Illustrations du peintre Jeanniot. *Paris, Marpon et Flammarion, s. d.* (1893) ; gr. in-8, *fig*, broché, *couv. ill.*

Première édition illustrée. — Un des 30 ex. sur **papier de chine** (ex. nº 2).

499. **Zola** (E.). Nana. Edition illustrée par A. Gill, Bertall, G. Bellanger, Bigot, Clairin, etc *Paris, Marpon et Flammarion,* 1822 ; in-4, *fig.*, broché, *couv. ill.*

Première édition illustrée. — Un des 100 ex. sur **papier de Hollande** (Ex. nº 97).

www.ingramcontent.com/pod-product-compliance
Lightning Source LLC
LaVergne TN
LVHW020331230826
846091LV00003B/829

* 9 7 8 2 0 1 3 6 7 0 1 6 6 *